Préface

Ichimoku Kinko Hyo. Pour beaucoup, ce nom évoque un mystère asiatique ou un concept réservé aux traders chevronnés. Pourtant, dans les salles de marchés au Japon et désormais dans le monde entier, Ichimoku est l'outil incontournable pour l'analyse technique. Développé par un journaliste japonais dans les années 1930, Ichimoku n'est pas seulement un indicateur ; c'est un système de lecture complet qui révèle en un coup d'œil les tendances, la volatilité, et les points clés pour prendre position en toute confiance.

Pourquoi cet outil est-il omniprésent dans les salles de marché japonaises ? Tout simplement parce qu'il offre ce qu'aucun autre indicateur ne peut apporter : une **vision holistique et instantanée du marché**. Avec Ichimoku, fini le besoin de combiner des dizaines d'indicateurs pour comprendre les mouvements des prix. Ici, tout est intégré dans une seule et même méthodologie, combinant simplicité et puissance.

En maîtrisant Ichimoku, vous accéderez à une compréhension approfondie des tendances, à une capacité de détection des points d'entrée et de sortie stratégiques, et à une méthode éprouvée que des traders de tous niveaux utilisent pour réussir. Que vous soyez novice en bourse ou un investisseur chevronné, découvrir Ichimoku, c'est se donner les moyens de voir le marché avec un œil neuf et de prendre des décisions plus éclairées et précises.

Alors, plongeons ensemble dans ce système d'analyse unique, conçu pour transformer votre vision du trading et vous offrir un réel avantage dans votre parcours d'investisseur.

Maîtriser Ichimoku : La méthode complète pour réussir en trading

Le guide ultime pour réussir en toute condition de marché

Sommaire

L'histoire d'Ichimoku _____ 5
1. Notions fondamentales à maîtriser _____ 9
2. Les composants d'Ichimoku _____ 21
3. Repérer les tendances avec Ichimoku _____ 35
4. L'importance de l'alignement des unités de temps ___ 39
5. Définir les niveaux clés avec Ichimoku _____ 51
6. Stratégies de trading _____ 63
7. Les clés de la réussite _____ 85
8. Mémo des signaux _____ 87
Conclusion _____ 101

L'histoire d'Ichimoku

Pour bien comprendre comment cet indicateur est né, je trouve qu'il est important de comprendre le contexte dans lequel il a été créé et des exemples concrets de ses premières utilisations.

Ichimoku, ou **Ichimoku Kinko Hyo**, a été créé dans les années 1930 par le journaliste japonais Goichi Hosoda. Son objectif était de concevoir un système visuel permettant de mesurer instantanément l'équilibre du marché, en identifiant les tendances, les supports et les résistances, sans nécessiter d'autres indicateurs. Son nom signifie d'ailleurs "un coup d'œil à l'équilibre des prix" en japonais.

Pourquoi Hosoda l'a-t-il créé ?

En tant que journaliste financier, Hosoda voulait une méthode permettant aux traders et aux investisseurs de **comprendre les tendances** et de prendre des décisions rapidement, en un seul coup d'œil. À l'époque, les marchés étaient dominés par l'analyse fondamentale, mais Hosoda croyait qu'une analyse technique visuelle pourrait révéler la psychologie des investisseurs de manière plus intuitive.

Il a passé **près de 30 ans** à peaufiner son indicateur avec l'aide de plusieurs étudiants, jusqu'à ce qu'il le publie enfin dans les années 1960. Depuis, l'Ichimoku s'est imposé dans les salles de marché japonaises et est aujourd'hui largement utilisé dans le monde entier, notamment pour les actions, le forex, les matières premières, et même les cryptomonnaies.

Historiquement, Ichimoku a été créé dans un contexte de forte spéculation sur les marchés des matières premières et agricoles au Japon, où les échanges de produits tels que le riz et le coton étaient des piliers économiques. À l'époque, Goichi Hosoda voulait un indicateur permettant aux marchands et spéculateurs de suivre et d'anticiper la dynamique de ces marchés très volatils.

Exemple d'utilisation historique dans le marché du riz au Japon

Le riz était un produit crucial de l'économie japonaise et servait même de monnaie d'échange. Les fluctuations de prix pouvaient causer d'importantes pertes pour les commerçants. En utilisant Ichimoku, les marchands de riz pouvaient analyser les tendances et estimer les points d'entrée et de sortie idéaux pour éviter les fortes baisses ou profiter des hausses. Le nuage (Kumo) d'Ichimoku leur permettait par exemple de détecter les périodes d'incertitude (lorsque le prix évoluait à l'intérieur du nuage) et de faire leurs transactions pendant les phases de tendance claire, en restant à l'écart des périodes risquées.

Utilisation dans les marchés de matières premières

L'Ichimoku a également été appliqué sur les marchés du coton et du cuivre, deux matières premières importantes pour le Japon d'après-guerre. Hosoda utilisait Ichimoku pour détecter les tendances fortes, qui indiquaient des périodes de demande intense ou, au contraire, de surplus. Pour les traders en matières premières, savoir anticiper les tendances baissières et haussières était essentiel pour protéger leurs marges. Grâce à la Tenkan-sen et la Kijun-sen (les lignes de conversion et de base), ils pouvaient évaluer les zones de retournement et sécuriser leurs positions en limitant les risques.

Adoption dans les salles de marché japonaises

Dans les années 1960, Ichimoku est devenu un outil standard dans les salles de marché japonaises, notamment pour les banques et institutions financières qui cherchaient des moyens visuels et rapides d'analyser le Nikkei et les marchés obligataires. C'était l'un des rares indicateurs capables de montrer à la fois la tendance et les niveaux clés, adaptés aux actifs volatils ou ayant de faibles volumes d'échange. L'approche visuelle du nuage permettait aux traders de comprendre l'équilibre des prix sans passer de longues heures sur des calculs, ce qui facilitait les décisions rapides dans un marché boursier en pleine croissance.

Ces exemples montrent comment Ichimoku a été un outil innovant, initialement pour des marchés spécifiques, puis adopté dans toutes les salles de marché du Japon, grâce à sa polyvalence et à sa capacité à prédire les niveaux de retournement.

Tout d'abord, commençons par rappeler les bases, les notions fondamentales que vous devez maîtriser pour bien comprendre ce que vous faites et ainsi réussir.

Voici les notions à maîtriser pour mieux comprendre ce livre. Si vous les maîtrisez déjà, vous pouvez directement passer à la partie consacrée à Ichimoku

1. Notions fondamentales à maîtriser

A vos ordres. Représentation graphique des ordres effectués

Un marché financier, peu importe lequel, est le lieu de rencontre de l'offre et de la demande. Cela se traduit par des ordres d'achat ou de vente qui se retrouvent dans un carnet d'ordres. Quand deux ordres se rencontrent, que les acheteurs et les vendeurs sont d'accord sur un prix, alors il y a une transaction. L'ensemble des transactions effectuées se retrouve dans l'historique des transactions. Les graphiques ne sont que la représentation visuelle de tous les ordres de marché passés, autrement dit de l'historique des transactions. Peu importe le type de marché — actions, matières premières, crypto-monnaies ou forex —, chaque point, chaque chandelle et chaque fluctuation visible sur un graphique représentent un ensemble d'ordres placés par les participants du marché à un moment donné. Ces ordres reflètent les décisions et les émotions des traders : la peur, la cupidité, la confiance ou l'incertitude, et se manifestent sous forme de mouvements de prix. Par exemple, une forte pression d'achat se traduira par une hausse des prix, tandis qu'une forte pression de vente conduira à une baisse. Les graphiques deviennent ainsi un langage universel qui montre, en temps réel, le rapport de force entre acheteurs et vendeurs. Cette nature fondamentale des graphiques les rend si précieux en analyse technique. Ils offrent une fenêtre directe sur le comportement du marché, sans aucun filtre, permettant aux traders d'identifier les tendances, les niveaux de support et de résistance, et les signaux potentiels pour leurs décisions.

Les différentes sortes de représentations graphiques

Il existe différents types de représentations graphiques des cours. Le plus connu et le plus utilisé par les novices est la représentation simple des cours avec une ligne. Cette ligne est tracée avec chaque prix de clôture pour chaque intervalle de temps sélectionné (jour, heure, minute, etc.).

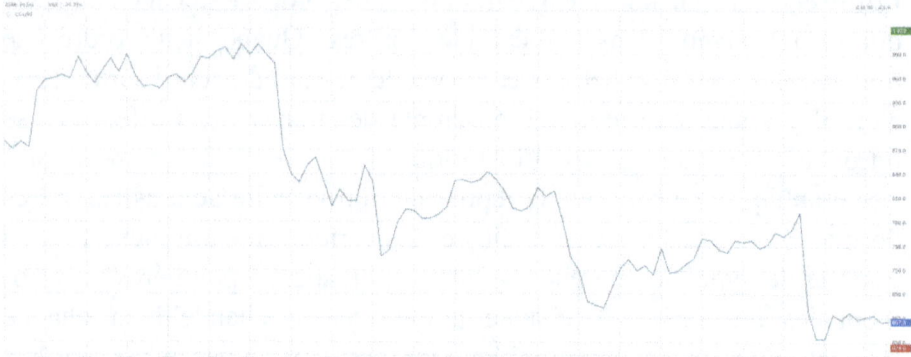

Le problème principal de ce type de représentation est l'imprécision : il se passe beaucoup de choses dans un intervalle de temps, et le cours de clôture n'est pas représentatif de l'ensemble des variations qui se sont produites.

Heureusement, nous avons la possibilité de voir d'un coup d'œil ce qui s'est passé ou ce qui se passe avec des bougies : les chandeliers japonais.

Les chandeliers japonais

C'est la base de l'analyse technique : les bougies ! Les chandeliers japonais sont une méthode visuelle pour représenter les mouvements de prix d'un actif pendant une période spécifique (minute, heure, jour, etc.). Chaque chandelier se compose de deux parties principales :

1. **Le corps** : c'est la partie large du chandelier, qui montre la différence entre le prix d'ouverture et le prix de clôture de la

période. Un corps vert indique que le prix a augmenté pendant la période, tandis qu'un corps rouge montre une baisse.
2. **Les mèches** : les lignes fines au-dessus et en dessous du corps indiquent les prix maximum et minimum atteints pendant la période. L'ombre supérieure montre le plus haut, et l'ombre inférieure montre le plus bas.

Les chandeliers offrent ainsi une image complète de la période en cours.

Une fois votre œil adapté et exercé, la lecture devient très simple et, surtout, le plus important : très précise ! C'est pour cette raison que, dans ce livre, tous les graphiques seront réalisés avec ce type de représentation.

Le GAP boursier

Sur les marchés qui ne sont pas actifs 24h/24, nous observons régulièrement des gaps, c'est-à-dire des écarts de prix entre le prix de clôture et le prix d'ouverture de la période suivante. Sur le graphique, cela se matérialise par un vide.

Pour comprendre cela, il faut se rappeler que les échanges en bourse sont régis par le carnet d'ordres, et les gaps sont simplement des zones de prix où aucun ordre n'a été exécuté, car le prix n'intéressait personne. Le prix est la résultante de l'offre et de la demande. Quand les variations de l'une ou de l'autre sont très rapides, par exemple à cause d'une nouvelle économique importante survenant en dehors des horaires de cotation, un gap peut se créer à l'ouverture. On a noté qu'un gap assez grand a de très fortes chances d'être comblé ultérieurement, notamment parce qu'il y a beaucoup d'ordres en attente qui n'ont pas été exécutés faute de demande.

La gestion du risque

Vous pouvez être le meilleur du monde en analyse technique et avoir toutes les probabilités de votre côté, mais si vous ne maîtrisez pas votre risque, vous allez perdre de l'argent.

Le trading consiste à mettre les probabilités de son côté et à gérer son risque, car même si vous avez 80 % de chances de réussite, vous avez quand même 20 % de chances de perdre.

L'idée est de gagner de l'argent même si vous réussissez seulement 50 % de vos trades.

Ainsi, avant toute analyse technique, la gestion du risque est primordiale. Elle comprend plusieurs éléments :

• **Stop loss** : Un stop loss est un ordre de vente automatique qui se déclenche lorsque le prix d'un actif atteint un niveau de perte prédéfini. Cette technique vous protège contre des pertes trop importantes. Ichimoku permet de définir son stop loss.

• **Ratio risque/rendement** : Il est crucial de toujours évaluer le ratio entre le risque et le rendement potentiel. Par exemple, un ratio de 1:2 signifie que pour chaque euro risqué, vous en attendez deux en retour. Grâce à vos analyses Ichimoku, vous pourrez obtenir un excellent ratio risque/rendement, surtout si vous prenez des unités de temps élevées. Souvent, le stop loss est facile à déterminer, mais on ne sait jamais jusqu'où va s'arrêter la tendance.

<u>**Money management**</u> : Probablement la notion la plus importante de toute. Le money management en trading est la gestion stratégique du capital pour limiter les pertes et maximiser les gains en fixant des règles de risque, comme le montant investi par trade et le niveau de pertes acceptables.

Faisons un exemple : imaginons que vous avez un capital de 10 000 € et que vous décidez de ne risquer que 1 % de votre capital sur chaque trade. Cela signifie que, pour chaque position, vous acceptez de perdre au maximum 100 €.

Si vous identifiez une opportunité d'achat avec un stop loss placé à 5 % en dessous de votre prix d'entrée, alors, pour ne pas risquer plus de 100 €, vous devrez calculer la taille de votre position. Dans ce cas, le calcul serait :

Taille de position = Risque maximum par trade ÷ pourcentage de perte acceptable
Taille de position = 100 € ÷ 5 % Taille de position = 2 000 €.

Ainsi, vous investirez 2 000 € dans cette position, ce qui permet de limiter vos pertes potentielles à 100 € si le trade tourne en votre défaveur. N'oubliez jamais que vous allez perdre des trades, il est impossible de faire 100 % de trades gagnants. Le fait d'en être conscient vous permettra de concevoir une stratégie efficace qui vous rendra rentable, même si vous perdez 5 trades de suite, mais que vous en gagnez ensuite 2.

La tendance du marché

La tendance est l'un des concepts les plus fondamentaux en trading. Identifier la tendance générale vous permet de trader en accord avec le marché, ce qui augmente les chances de réussite. On ne trade jamais contre la tendance ; on met toujours les probabilités de notre côté. Il faut également bien noter que les prix n'évoluent jamais en ligne droite, une tendance est donc une variation sur une période de temps suffisamment longue pour qu'elle soit significative.

- **Tendance haussière** : Le prix évolue principalement vers le haut. En tendance haussière, le sentiment des investisseurs est positif.

- **Tendance baissière** : Le prix évolue principalement vers le bas. En tendance baissière, le sentiment des investisseurs est négatif.

- **Tendance latérale** (ou neutre) : Le prix évolue dans une fourchette sans direction claire. Nous appellerons ici cette fourchette un range. Ces périodes sont souvent des phases d'accumulation ou de distribution, et généralement, lorsque le prix sort d'un range, il le fait avec une grande force, que ce soit vers le haut ou vers le bas.

Ichimoku vous aidera à repérer ces tendances en un coup d'œil, sans erreur possible, et avec précision sur la force de la tendance grâce au Kumo.

Tendance haussière :

Tendance baissière :

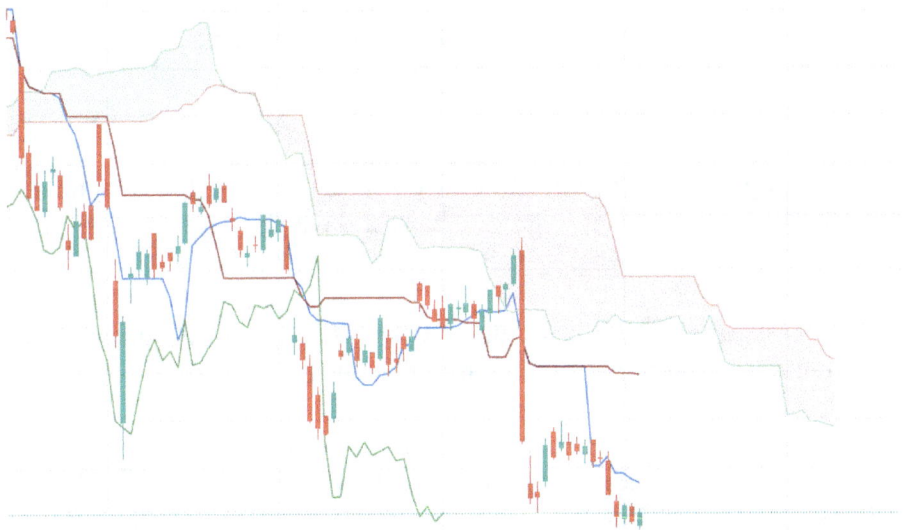

Tendance neutre :

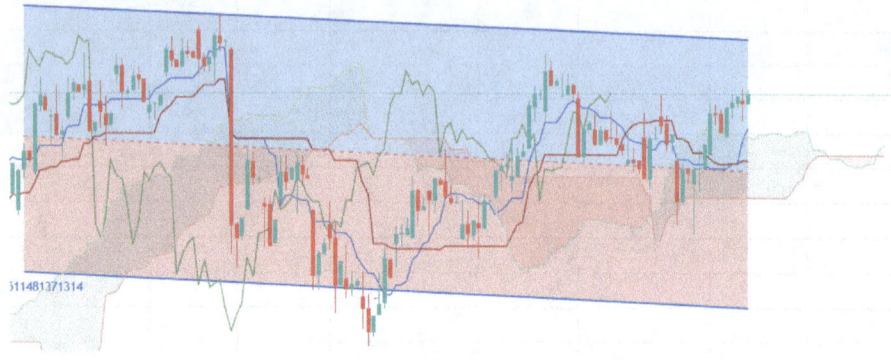

Supports et résistances

Les niveaux de support et de résistance sont des zones où le prix a tendance à réagir :

• **Support** : Un niveau de prix où la demande est suffisamment forte pour empêcher le prix de baisser davantage.

• **Résistance** : Un niveau de prix où l'offre est suffisamment forte pour empêcher le prix de monter davantage.

Ces niveaux, très présents dans Ichimoku, vous indiquent où le prix peut potentiellement rebondir ou se retourner. Nous nous servons de ces valeurs pour déterminer les forces en présence sur le marché, afin de placer nos stop loss ou nos points d'entrée. Une des forces d'Ichimoku est justement la facilité de repérer ces zones de prix de manière très précise.

Support :

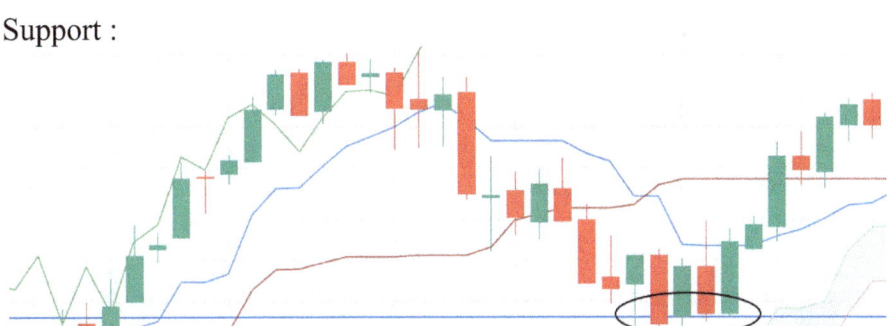

Ici, nous voyons que la ligne bleue que j'ai tracée est un support, le prix a rebondi 5 fois dessus avant de repartir à la hausse.

Résistance :

À l'inverse, ici, le prix n'a pas pu dépasser une certaine limite, il a rebondi sur une résistance.

Les niveaux de support et de résistance deviennent ainsi des objectifs, que ce soit pour une entrée ou une sortie des trades.

Les unités de temps

Le trading sur différentes unités de temps (ou Timeframes) est crucial pour une analyse complète. Une unité de temps plus longue tend à donner des signaux plus solides, tandis que les unités plus courtes offrent des opportunités rapides mais avec plus de volatilité.

Pour qu'une tendance soit validée, il faut qu'elle soit présente sur toutes les unités de temps : si la tendance est baissière en journalier mais haussière en hebdomadaire et mensuel, alors il est très risqué de faire un trade baissier, car vous allez aller contre la tendance et fortement diminuer les probabilités de réussite.

- **Long terme (mensuel, hebdomadaire, journalier…)** : Donne la tendance principale. C'est la plus fiable et il y a moins de « bruits » du marché, principalement créé par les algorithmes de trading. Trader sur unité de temps long terme donne donc le maximum de probabilités de réussite, c'est ce que nous recherchons.
- **Court terme (horaire, 15 minutes…)** : Idéal pour les opportunités de trading à court terme. Beaucoup moins de probabilités de réussite, très difficile à prévoir et beaucoup de faux signaux.

Ichimoku est efficace sur différentes unités de temps, mais il est important de savoir les interpréter en fonction de votre stratégie et surtout de valider les tendances en vérifiant toutes les unités de temps.

Nous verrons la stratégie Top Down avec Ichimoku en pratique, la méthode la plus simple et efficace pour valider la tendance.

A comprendre absolument

Les graphiques boursiers sont des représentations de ce qui se passe réellement dans les carnets d'ordres, mais ils nous permettent également de voir la psychologie à l'œuvre sur les marchés. C'est cette psychologie qui nous permet d'extrapoler les mouvements les plus probables et de prendre des décisions en conséquence.

Cependant, il ne faut jamais oublier qu'il n'y a jamais de certitude dans les marchés financiers. Même s'il y a 80 % de chances qu'un événement se réalise, il y a également 20 % de chances que ce ne soit pas le cas. Il est donc essentiel de prévoir l'improbable en couvrant ses positions, en mettant des stop loss et surtout en ayant un money management efficace.

Ce livre a pour objectif de vous apprendre à maîtriser Ichimoku, ce qui va vous permettre de trouver les points d'entrée et de sortie les plus probables et ainsi limiter au maximum le risque tout en augmentant au maximum les gains potentiels, que ce soit en marché haussier ou en marché baissier.

Ichimoku est très complet et s'utilise comme seul indicateur, mais chaque composant d'Ichimoku est indispensable. Vous ne pouvez pas décider d'utiliser qu'une seule partie et ensuite vous plaindre que ça ne fonctionne pas. Si l'un des composants n'est pas en accord avec les autres, alors il ne faut pas prendre de position.

Les marchés financiers peuvent être complètement aléatoires et ne respecter aucune règle, surtout à court terme. Il ne faut pas oublier qu'aujourd'hui ce sont des millions d'algorithmes qui déterminent les fluctuations du marché sur les courtes périodes. C'est pour cette raison que pour maximiser vos chances de gains, il va falloir suivre des tendances sur quelques semaines voire quelques années.

2. Les composants d'Ichimoku

Venons-en maintenant à l'indicateur magique d'Ichimoku. Il est composé de plusieurs lignes qui forment une représentation graphique très précise du marché. Nous allons le décortiquer.

Tenkan-sen et Kijun-sen

Pour représenter l'équilibre à court et moyen terme, Ichimoku utilise 2 lignes principales : la Tenkan-sen (ligne de conversion) pour l'équilibre à court terme et la Kijun-sen (ligne de base) pour l'équilibre à moyen terme.

La Tenkan (ligne de conversion):

La Tenkan-sen reflète la tendance à court terme et est calculée sur une période de 9.

Son calcul est très simple et, contrairement à une moyenne mobile, cherche à trouver le prix d'équilibre en prenant en compte la volatilité.

Formule :

$$\text{Tenkan-sen} = \frac{\text{Plus haut (9 périodes)} + \text{Plus bas (9 périodes)}}{2}$$

Exemple :

Si, sur les 9 dernières périodes :

- Le plus haut est 110
- Le plus bas est 90

Alors :

$$\text{Tenkan-sen} = \frac{110 + 90}{2} = 100$$

La Kijun (ligne de base)

La Kijun-sen reflète la tendance à moyen terme, calculée sur une période de 26 périodes.

Son calcul est le même que celui de la Tenkan mais sur 26 périodes. De par la nature même de son calcul, la Kijun va former des plats quand le prix évolue dans une fourchette identique pendant plusieurs périodes successives : ces plats vont être des niveaux d'équilibre moyen terme très intéressant, nous y reviendront plus tard.

Formule :

$$\text{Kijun-sen} = \frac{\text{Plus haut (26 périodes)} + \text{Plus bas (26 périodes)}}{2}$$

Exemple :

Si, sur les 26 dernières périodes :

- Le plus haut est 130
- Le plus bas est 100

Alors :

$$\text{Kijun-sen} = \frac{130 + 100}{2} = 115$$

Les croisements et leurs implications

En plus de former des niveaux d'équilibre à court et moyen terme, qui se traduiront par des niveaux de support et de résistance, nous serons attentifs aux croisements de la Tenkan avec la Kijun. Ces croisements représentent des signaux importants qui peuvent aider à anticiper les mouvements potentiels des prix. Ils indiquent des changements possibles dans la dynamique du marché et seront utilisés comme signaux d'achat ou de vente. Globalement, nous avons deux cas possibles :

1. **Croisement haussier (Tenkan-sen au-dessus de Kijun-sen)**

Implication : Signal d'achat.

Ce croisement indique que la tendance à court terme (Tenkan-sen) devient plus forte que la tendance à moyen terme (Kijun-sen). Cela peut suggérer un retournement à la hausse ou une continuation de la tendance haussière.

Nous verrons plus tard que selon le contexte par rapport au nuage, la force du signal peut être plus ou moins importante.

Croisement baissier (Tenkan-sen en-dessous de Kijun-sen)

Implication : Signal de vente.

Ce croisement indique que la tendance à court terme (Tenkan-sen) devient plus faible par rapport à la tendance à moyen terme (Kijun-sen), ce qui peut suggérer un potentiel retournement à la baisse ou une continuation de la tendance baissière.

Comme pour le croisement haussier, l'intensité du mouvement dépendra du contexte.

Kumo (nuage)

La magie d'Ichimoku n'existerait pas sans le Kumo, qui nous offre des indications sur le présent ainsi que des projections futures. Le Kumo est formé de deux lignes : la Senkou Span A (SSA) et la Senkou Span B (SSB).

La SSA (Senkou Span A) est la moyenne de la Tenkan et de la Kijun, projetée dans le futur sur une période de 26 unités de temps.

Formule :

$$SSA = \frac{\text{Tenkan-sen} + \text{Kijun-sen}}{2}$$

La SSB (Senkou Span B) est calculée de la même manière que la Tenkan et la Kijun, mais sur une période de 52 unités de temps, et le résultat est projeté dans le futur sur 26 unités de temps.

Formule :

$$\text{SSB} = \frac{\text{Plus haut (52 périodes)} + \text{Plus bas (52 périodes)}}{2}$$

La SSB représente l'équilibre à long terme du prix, et ses niveaux plats servent de supports et de résistances majeurs.

La formation du nuage

La **SSA** et la **SSB** forment ensemble les limites du nuage Ichimoku.

- **Si la SSA > SSB**, le nuage est haussier et coloré en vert.
- **Si la SSA < SSB**, le nuage est baissier et coloré en rouge.

Exemple de nuage haussier

Exemple de nuage baissier

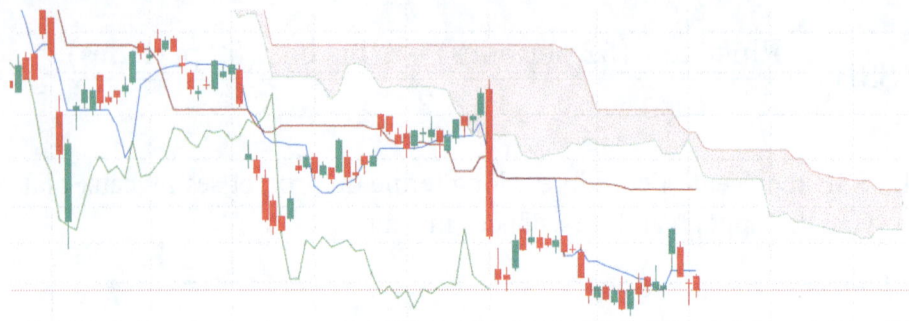

Le nuage est un outil visuel puissant pour repérer les zones de support et de résistance, et il reflète l'équilibre du marché sur les périodes passées et futures. Plus le nuage est épais, plus il sera difficile à franchir : l'épaisseur indique donc la force des vendeurs ou des acheteurs.

Exemple de nuage fin

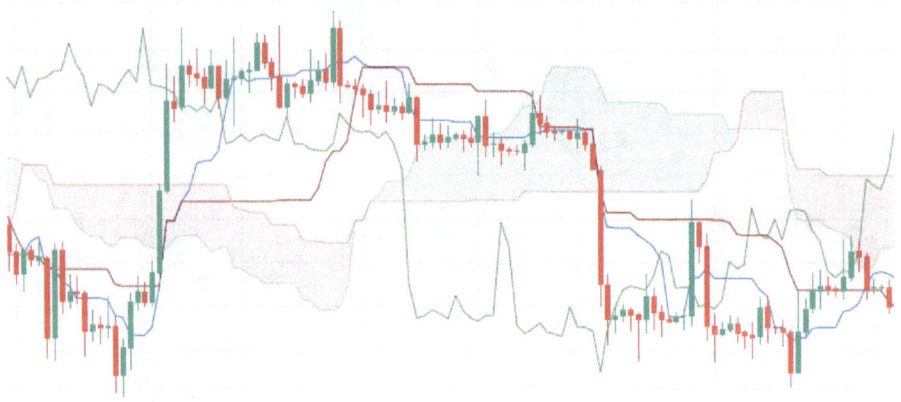

Exemple de nuage épais

Les twists

Les twists correspondent au changement de polarité du nuage : lorsque l'on passe d'un nuage haussier à un nuage baissier ou inversement. Ces twists nous indiquent des informations importantes : la tendance s'affaiblit fortement et il s'agit d'une zone de retournement potentiel. N'oublions pas que le nuage est projeté dans le futur, ce qui nous permet de prendre des précautions lorsque nous observons un twist après une tendance marquée.

Exemple de twist

Comme nous l'avons vu, plus le nuage est épais, plus il y a de résistance. Un twist représente donc une zone sans résistance et est donc intéressante à noter.

Exemple de passage dans un twist

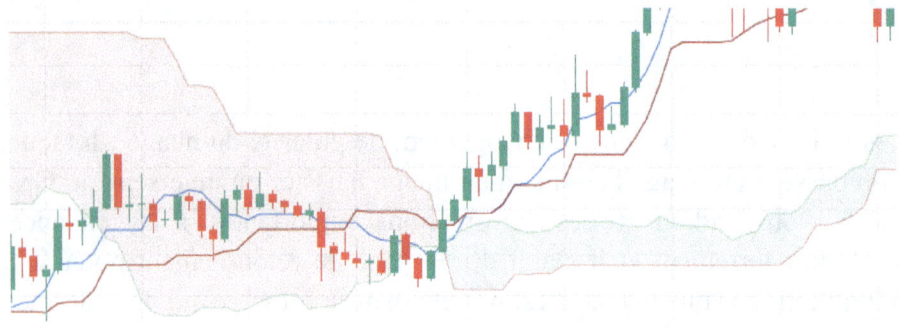

Lagging Span (Chikou Span)

La Chikou Span, aussi appelée Lagging Span, sert de validateur pour toutes les décisions. Elle est unique en ce sens qu'elle représente le prix actuel décalé dans le passé. Très peu utilisée par les débutants, c'est pourtant elle qui fera la différence entre une mauvaise et une bonne décision.

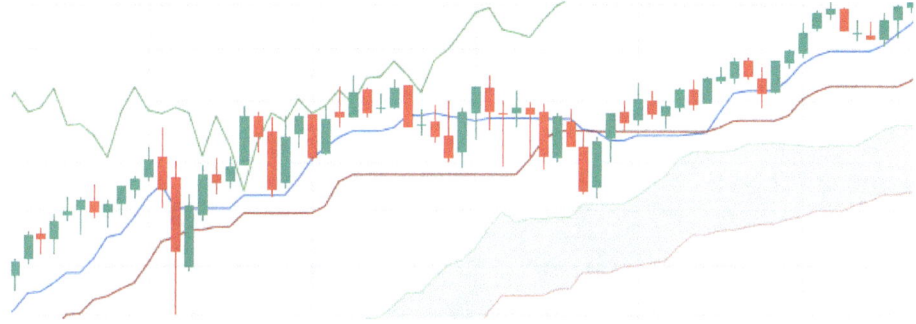

Son calcul est très simple : La Lagging Span est obtenue en décalant le cours de clôture actuel de 26 périodes dans le passé. Grâce à elle, nous pourrons éviter la plupart des faux départs et des faux signaux. Nous combinerons la Lagging Span avec les autres indicateurs et prendrons des décisions seulement lorsque la tendance est confirmée. Cette ligne décalée dans le passé rebondit régulièrement sur des résistances ou des supports, ou même sur les cours passés.

Voici quelques exemples.

Rebond sur nuage

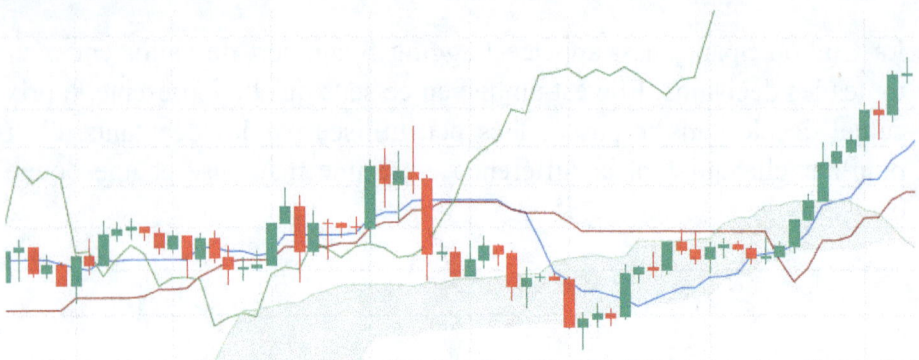

Rebond sur SSB

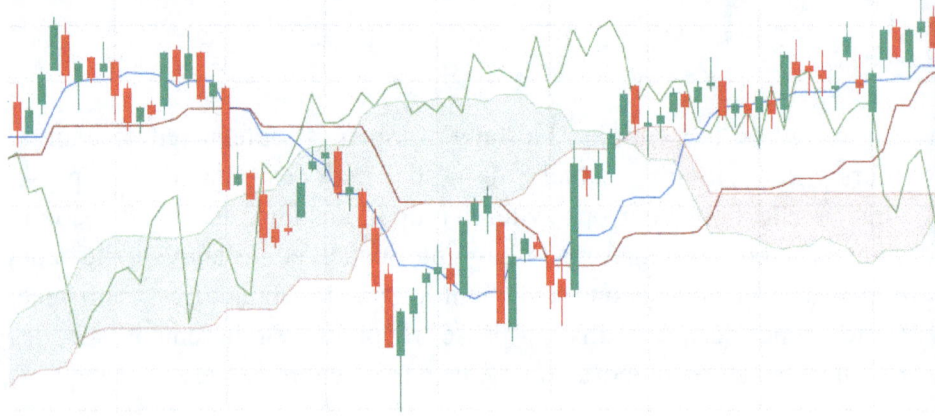

Rebond sur bougies

Nous verrons que la Lagging Span est un outil indispensable. Nous prenons des décisions d'achat ou de vente seulement lorsque tous les indicateurs d'Ichimoku sont alignés, ce qui augmente les probabilités de succès. Nous souhaitons maximiser nos chances en notre faveur. La Lagging Span nous aide également à ne pas nous précipiter, évitant ainsi de tomber dans les pièges courants des marchés financiers.

Mémo d'Ichimoku

Petit rappel sur chaque composant d'Ichimoku, à noter qu'il est impératif de tous les combiner pour avoir la probabilité optimale de réussite.

- **La Tenkan-sen** : équilibre court terme, calculé sur 9 périodes.
- **La Kijun-sen** : équilibre moyen terme, calculée sur 26 périodes.
- **Les croisements Tenkan-Kijun** : à surveiller, ils nous donnent des alertes importantes.
- **Le Kumo (nuage)** : composé de la SSB et de la SSA, il nous offre plusieurs indications :
    - **Sa couleur** : vert s'il est haussier et rouge s'il est baissier, indiquant la tendance et une projection sur le futur.
    - **Sa taille** : l'épaisseur du nuage indique la force de la tendance et la difficulté qu'aura le prix à le traverser ; plus il est épais, plus il agit comme une barrière significative.
    - **Les twists** : zones de retournement de tendance et d'incertitude, il est dangereux d'être exposé sur le marché lorsque ces zones apparaissent.
- **La Lagging Span** : représente le cours de clôture actuel décalé de 26 périodes dans le passé, servant à valider les prises de décisions.

3. Repérer les tendances avec Ichimoku

La force d'Ichimoku réside dans la capacité à visualiser une grande quantité d'informations du marché en un coup d'œil, ce qui rend les tendances très facilement repérables.

Pour qu'une tendance soit validée, il faut toujours trois éléments :

- **Le Kumo** orienté dans une direction
- **Le prix** actuel hors du nuage et dans la même direction
- **La Lagging Span** qui confirme la tendance

Il existe trois types de tendances :

1. **La tendance neutre** : le prix n'a pas de direction clairement définie
2. **La tendance haussière** : le prix évolue vers le haut avec des bas et des sommets de plus en plus élevés
3. **La tendance baissière** : le prix évolue vers le bas avec des sommets et des creux de plus en plus bas

Par expérience, Ichimoku est particulièrement efficace lorsque la tendance est bien définie, qu'elle soit haussière ou baissière. Il arrive fréquemment que le prix soit à l'intérieur du nuage, dans ce cas, les variations futures seront plutôt aléatoires, sauf certains cas particuliers, et nous éviterons donc de prendre des positions.

La tendance neutre en image

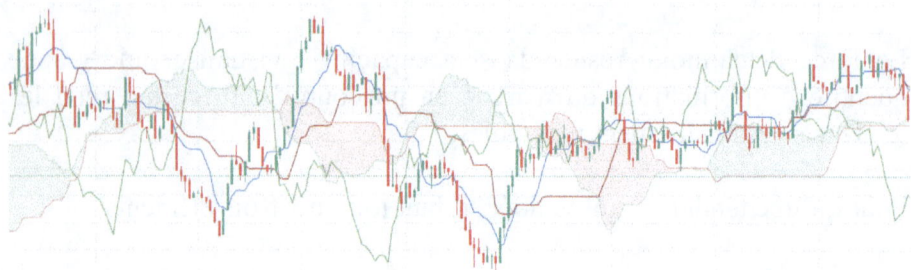

Le prix évolue dans une sorte de range, où aucun camp ne prend véritablement le dessus entre acheteurs et vendeurs. Cette situation se produit souvent lors de périodes d'accumulation ou de distribution, et c'est généralement après ce range que le prix prend une direction plus marquée. Il est impossible de prédire à l'avance dans quel sens le prix va partir, il est donc préférable d'attendre la sortie du range avec une confirmation claire avant de prendre une position.

La tendance haussière en image

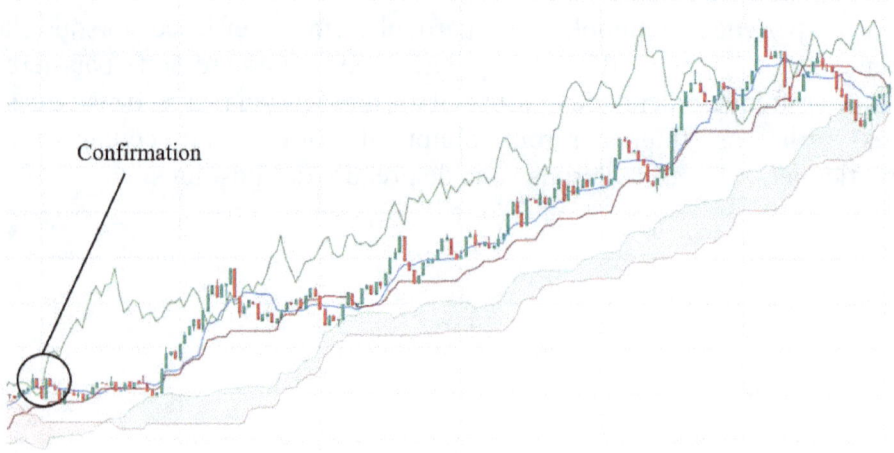

Lorsque le prix est en tendance haussière, il évolue au-dessus du nuage haussier, qui est de couleur verte. La tendance est confirmée lorsque la Lagging Span passe également au-dessus de tous les obstacles.

La tendance baissière en image

Quand le prix est en tendance baissière il évolue au-dessous du nuage baissier qui est de couleur rouge. La tendance est confirmée à partir du moment où la Lagging Span passe également au-dessous de tous les obstacles.

Mémo d'Ichimoku

Les tendances sont très faciles à repérer avec Ichimoku :

- **Tendance haussière** : le prix et la Lagging Span évoluent au-dessus du nuage haussier.
- **Tendance baissière** : le prix et la Lagging Span évoluent en dessous du nuage baissier.
- **Sans tendance** : toutes les autres configurations.

Plus le nuage est épais, plus la tendance est forte et durable. On utilise Ichimoku pour trader dans les tendances afin de maximiser les probabilités.

4. L'importance de l'alignement des unités de temps

Comprendre les Timeframes

Une Timeframe est la durée que représente chaque unité sur un graphique de trading.

Par exemple :

Sur un graphique journalier (D1), chaque bougie représente une journée entière d'activité.

Sur un graphique 4 heures (H4), chaque bougie représente 4 heures d'activité complète.

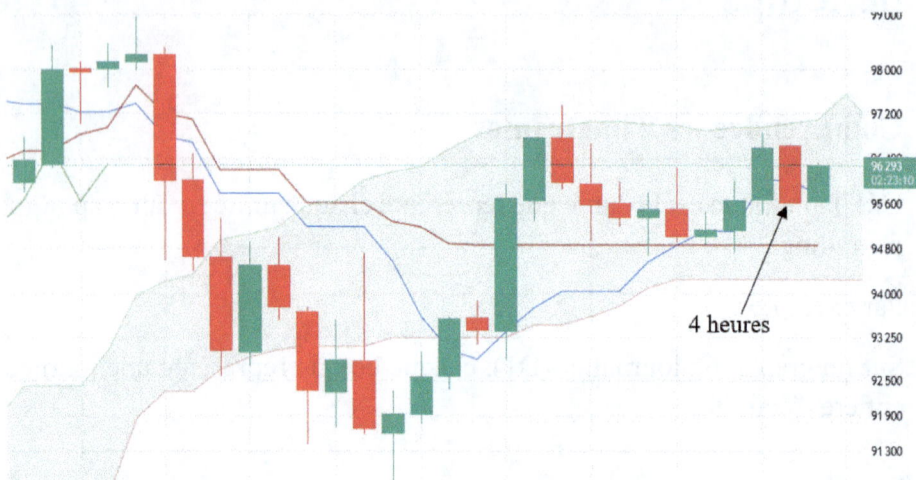

Sur un graphique horaire (H1), chaque bougie représente une heure de cotation.

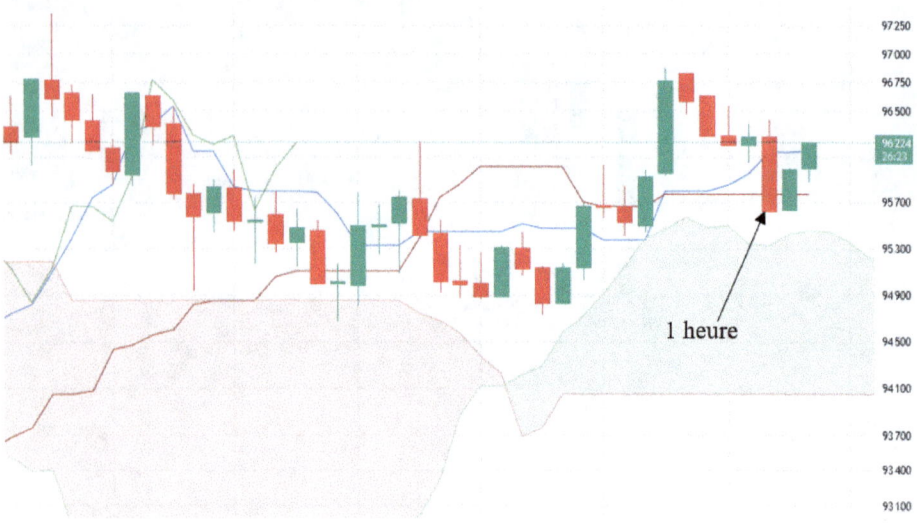

Les Timeframes permettent d'analyser les marchés à différentes échelles de temps :

- **Les unités longues** (hebdomadaire, mensuel) montrent les tendances globales.
- **Les unités intermédiaires** (journalier, 4 heures) servent à confirmer ou affiner la tendance.
- **Les unités courtes** (1 heure, 15 minutes) sont utilisées pour des entrées précises.

Le choix de la Timeframe dépend de la stratégie et de l'horizon d'investissement que l'on a, mais également du marché sur lequel on trade.

Par expérience, voici ce que je recommanderais d'utiliser comme Timeframes en fonction du marché pour avoir un maximum de réussite :

- **Marché des actions** : Mensuel, Hebdomadaire, Journalier, 4 heures
- **Marché du Forex** : Journalier, 4 heures, 1 heure et 15 minutes.
- **Marché des cryptomonnaies** : Hebdomadaire, 3 jours, 1 jour, 4 heures.

Dans tous les cas, on utilise la même stratégie pour prendre nos décisions de manière éclairée : la stratégie Top Down. On va simplement adapter les Timeframes en fonction du marché sur lequel on se trouve.

La stratégie Top-Down : Une analyse multi-timeframes efficace

La stratégie Top-Down est une approche d'analyse en trading qui consiste à examiner un actif sur plusieurs unités de temps (timeframes) pour comprendre la tendance générale et affiner les points d'entrée ou de sortie. C'est une méthode essentielle pour utiliser Ichimoku efficacement, car chaque unité de temps offre une perspective différente sur le comportement du marché.

Pourquoi utiliser la stratégie Top-Down ?

L'analyse multi-timeframes permet de :

1. **Comprendre le contexte global** : Une vue d'ensemble sur les tendances majeures avant de prendre des décisions.
2. **Repérer les alignements ou divergences** : Si plusieurs Timeframes montrent des signaux similaires, cela renforce la probabilité de succès.
3. **Optimiser les points d'entrée** : Les unités de temps courtes offrent des détails pour entrer ou sortir avec précision dans un contexte défini par les unités plus longues.

Les Timeframes dans la stratégie Top-Down

Chaque Timeframe a une fonction spécifique dans l'analyse :

1. **Unité de temps longue (perspective globale)**
   - Elle donne la **tendance principale** ou la direction générale du marché.
   - Exemple : Graphique mensuel ou hebdomadaire.
   - Question clé : **Sommes-nous dans une tendance haussière, baissière ou en range ?**
2. **Unité de temps intermédiaire (confirmation)**
   - Elle affine la tendance globale en recherchant des signaux cohérents.
   - Exemple : Graphique 3 jours ou journalier.
   - Question clé : **La tendance globale est-elle confirmée ou contredite ?**
3. **Unité de temps courte (précision d'entrée et sortie)**
   - Elle sert à identifier les meilleurs niveaux pour entrer ou sortir.
   - Exemple : Graphique 4 heures ou 1 heure.
   - Question clé : **Quand et à quel niveau agir dans la direction définie ?**

Étapes de la stratégie Top-Down avec Ichimoku

1. **Identifier la tendance globale sur une unité de temps longue**
   - Analysez le **Kumo**, les croisements Tenkan/**Kijun**, et la position de la Lagging **Span**.
   - Déterminez si vous devez privilégier des achats (tendance haussière) ou des ventes (tendance baissière).
2. **Confirmer la tendance sur une unité intermédiaire**
   - Recherchez des signaux Ichimoku similaires.
   - Vérifiez si les prix respectent le **Kumo** ou les niveaux clés définis sur l'unité de temps longue.
3. **Trouver un point d'entrée sur une unité courte**
   - Repérez des signaux d'entrée précis, comme un croisement haussier Tenkan/**Kijun** ou une cassure du Kumo dans la direction de la tendance globale.
   - Validez avec la Lagging Span.

En pratique, on commence par examiner la tendance sur toutes les Timeframes pertinentes en un coup d'œil. Si toutes les Timeframes sont alignées et confirment la même direction, alors on peut rechercher les meilleurs points d'entrée et de sortie pour maximiser les opportunités.

Exemple de Timeframes alignées :

Unité de temps : mensuel (M1). Tendance haussière.

Unité de temps : hebdomadaire (S1). Tendance haussière.

Unité de temps : journalier (J1). Tendance haussière.

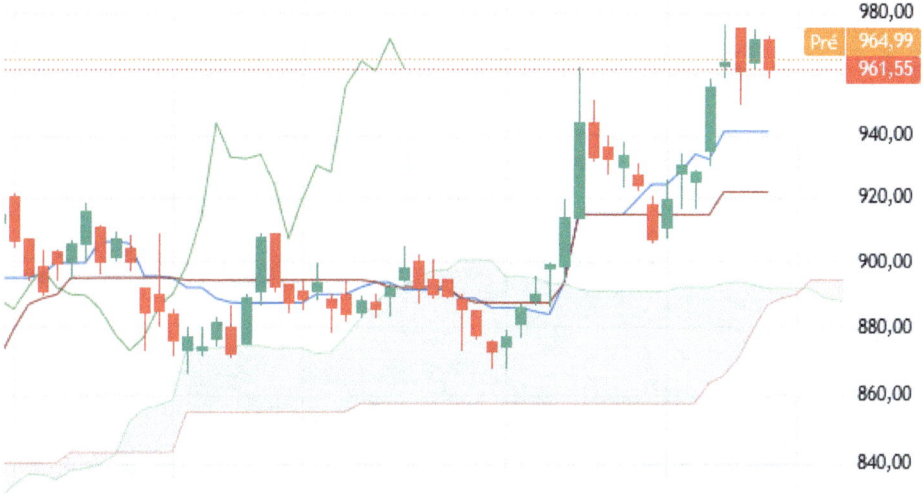

Exemple 1 de Timeframes non alignées :
Unité de temps : mensuel (M1). Tendance haussière.

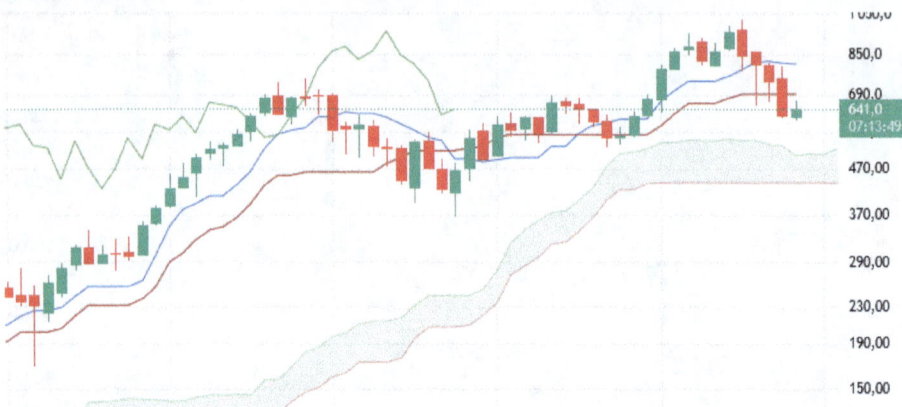

Unité de temps : hebdomadaire (S1). Tendance baissière non validée par la Lagging Span.

Unité de temps : journalier (J1). Tendance baissière.

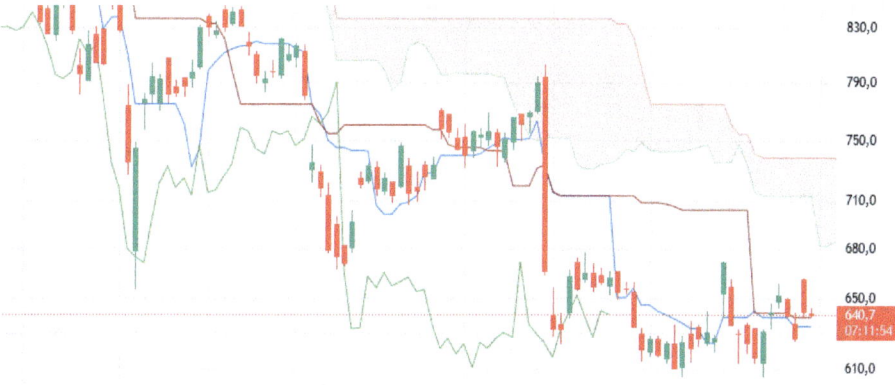

Exemple 2 de Timeframes non alignées :
Unité de temps : mensuel (M1). Tendance baissière.

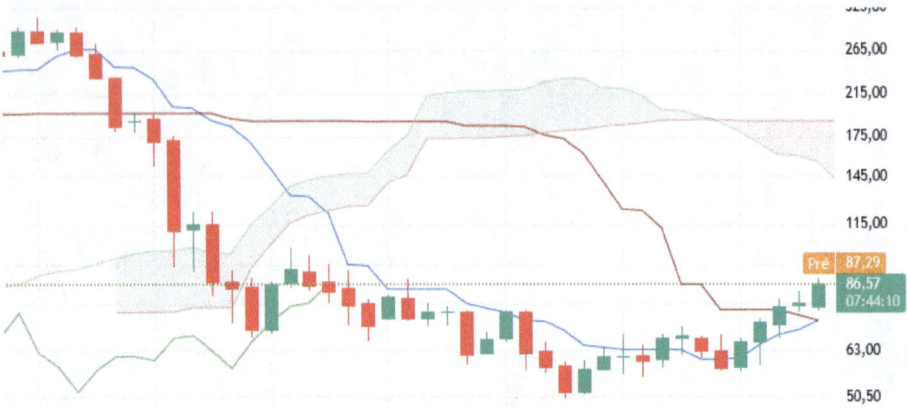

Unité de temps : hebdomadaire (S1). Début de tendance haussière.

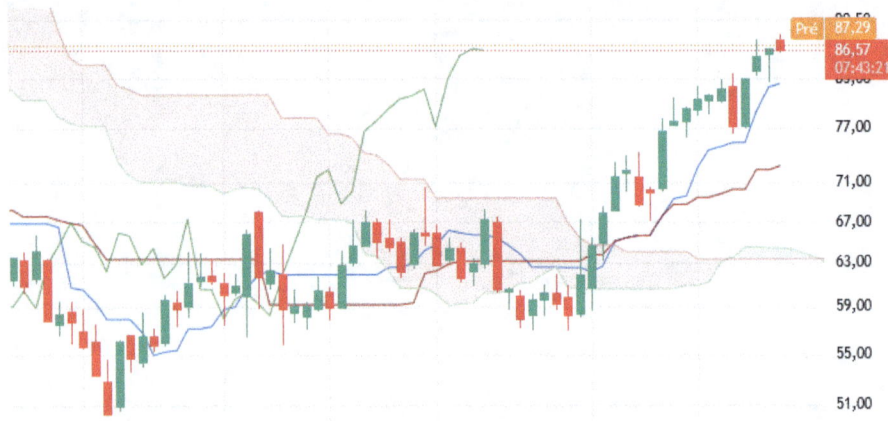

Unité de temps : journalier (J1). Tendance haussière.

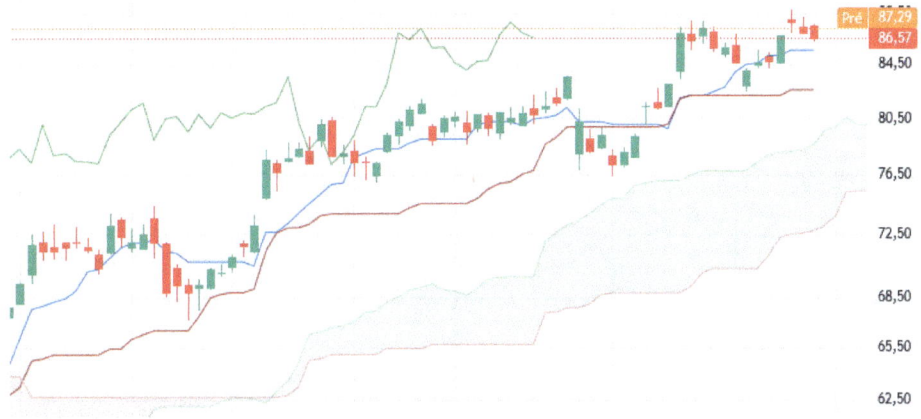

Mémo d'Ichimoku

Avoir une vision globale du marché vous permettra de prendre de meilleures décisions. C'est pourquoi la stratégie Top Down est la plus adaptée à une lecture rapide du marché sur toutes les Timeframes que vous avez choisies en fonction du marché dans lequel vous souhaitez trader.

La stratégie est simple, à la manière d'une loupe que l'on rapproche petit à petit de l'unité de temps la plus courte : on regarde d'abord au plus large possible, on identifie la tendance, ensuite on zoom un peu pour voir si la tendance est confirmée à moyen terme, puis on zoom encore pour obtenir plus de précision sur ce qui se passe à court terme et si la tendance est la même ou non.

Ichimoku est très stricte : on ne trade que si toutes les unités de temps sont alignées.

5. Définir les niveaux clés avec Ichimoku

Dans le trading, les niveaux clés sont des zones de prix où le marché est susceptible de réagir. Ces niveaux peuvent agir comme des supports (zones où le prix pourrait rebondir à la hausse) ou des résistances (zones où le prix pourrait rebondir à la baisse). L'indicateur Ichimoku est particulièrement efficace pour identifier ces niveaux grâce à ses différentes composantes.

Les principaux niveaux clés d'Ichimoku :

1. **Tenkan-sen et Kijun-sen**
   - La Tenkan-sen représente un niveau d'équilibre court terme.
   - La Kijun-sen représente un niveau d'équilibre à moyen terme.
   - Elles agissent souvent comme des supports ou des résistances dynamiques.
   - Si le prix est au-dessus de l'équilibre, celui-ci devient un support ; s'il est en dessous, il devient une résistance.
2. **Senkou Span A et B (bords du Kumo)**
   - Ces deux lignes définissent le nuage (Kumo).
   - Les bords du Kumo servent de supports et résistances importants.
   - Plus le Kumo est épais, plus ces niveaux sont solides.
3. **Lignes horizontales formées par la SSB et la Kijun**
   - Ichimoku nous permet de regarder le passé, le présent et aussi le futur. Nous repérons donc les plats formés par la SSB et la Kijun sur ces trois périodes. Ces plats sont formés car c'est un prix moyen qui a déjà beaucoup intéressé le marché, c'est donc un niveau clé.
4. **La Lagging Span**
   - La Lagging Span réagit de la même manière que le prix actuel face aux résistances et aux supports, mais elle peut également rebondir sur les bougies.

Exemple de niveaux clés (supports/résistances)

Tenkan-sen (ligne bleue)

Kijun-sen (ligne rouge)

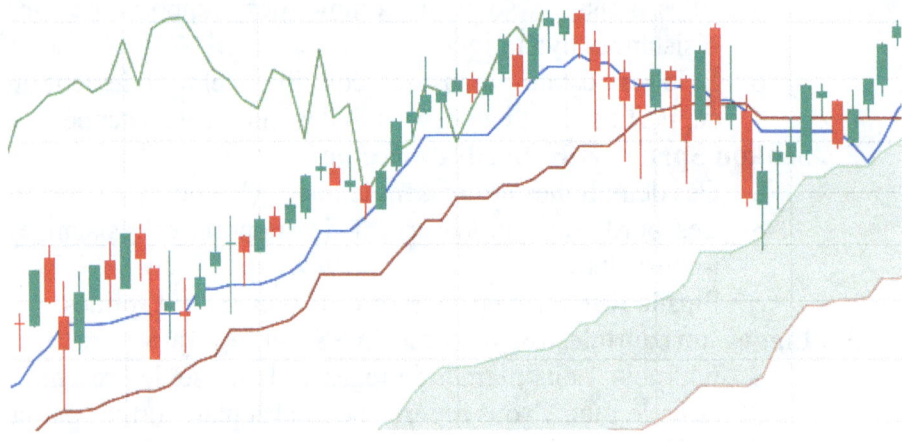

Le Kumo

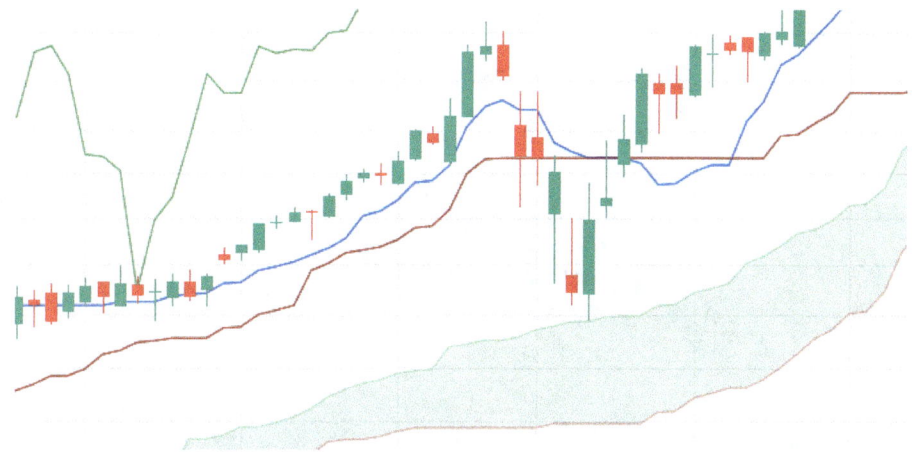

Le Kumo baissier

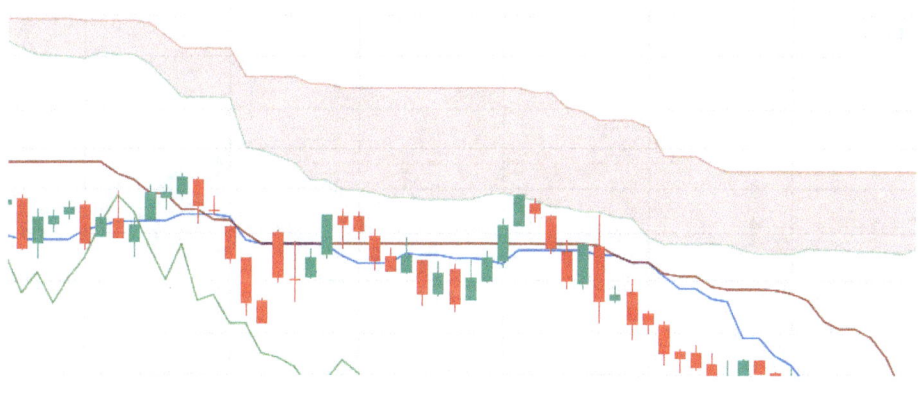

Les plats du présent

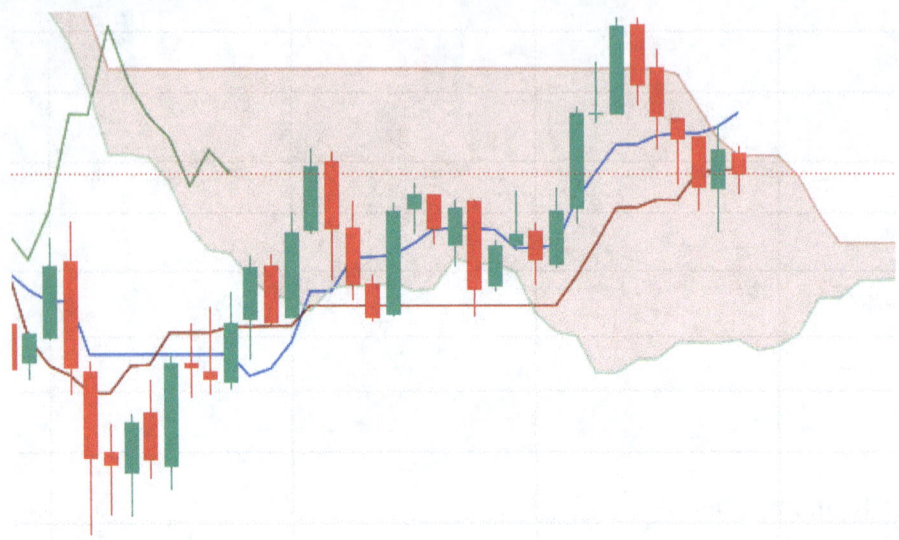

Les plats du passé

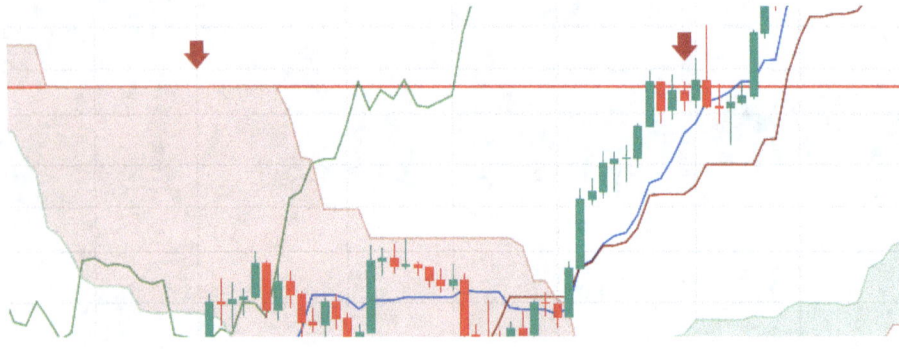

La Lagging Span (en verte)

Comme toujours, il faut vérifier la cohérence sur plusieurs Timeframes : un niveau identifié sur une unité de temps longue (par exemple, mensuel) aura plus de poids que sur une unité courte.

Pourquoi les niveaux clés sont cruciaux :

- Ils permettent de prédire les zones de retournement ou de continuation.
- Ils aident à définir des entrées et des sorties précises.
- Ils servent à placer des stops ou des objectifs avec une logique basée sur les réactions passées du marché.

En résumé, utiliser Ichimoku pour identifier les niveaux clés nous donne un outil puissant pour anticiper les mouvements de prix et structurer nos trades avec une probabilité accrue de succès.

Les indicateurs de retournements :

Dans Ichimoku, plusieurs indicateurs signalent des possibles retournements de tendance. Ces signaux, que l'on combine ensemble, offrent une vision complète des dynamiques du marché. On utilise ces signaux pour déterminer les points d'entrées et de sorties pour nos trades.

Voici les principaux signaux :

1. Croisement de la Tenkan-sen et de la Kijun-sen

- ❖ **Croisement haussier (Golden cross)** : La **Tenkan-sen** (ligne rapide) croise la **Kijun-sen** (ligne lente) de bas en haut.
    - o Signal de retournement à la hausse, surtout si le croisement se produit **au-dessus du Kumo**

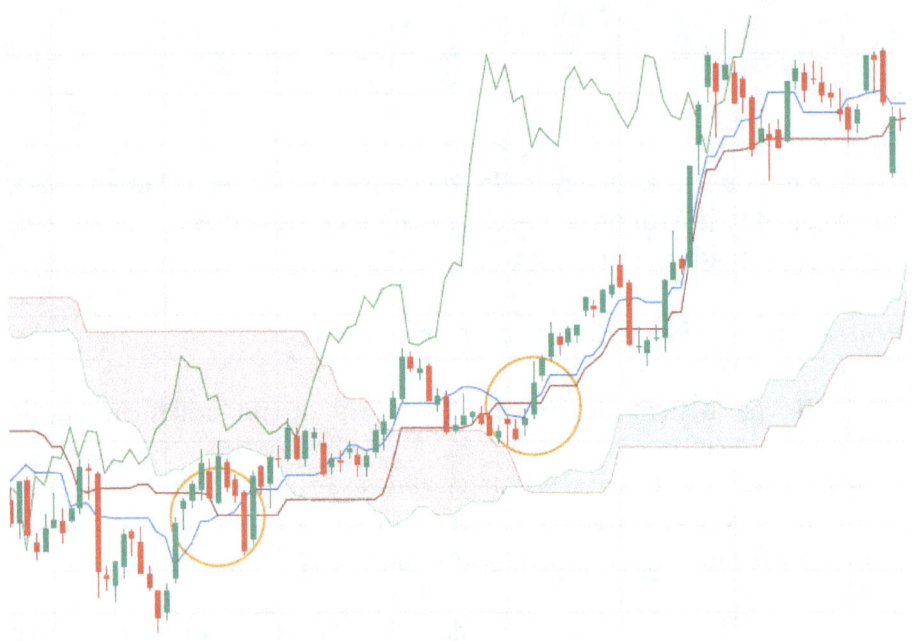

- **Croisement baissier (Dead Cross)** : La Tenkan-sen croise la Kijun-sen de haut en bas.
    - Signal de retournement à la baisse, particulièrement puissant s'il se produit **sous le Kumo**.
    - Plus le croisement est éloigné du Kumo, moins il est fort.

2. Twist du Kumo (nuage)

- Le twist du Kumo (croisement entre la Senkou Span A et la Senkou Span B) indique un potentiel retournement de tendance.

- Une tendance haussière peut basculer vers une tendance baissière (et vice-versa) lorsque les lignes du Kumo s'inversent.

- Ces twists sont souvent des zones de faible support ou résistance, où le prix peut traverser facilement.

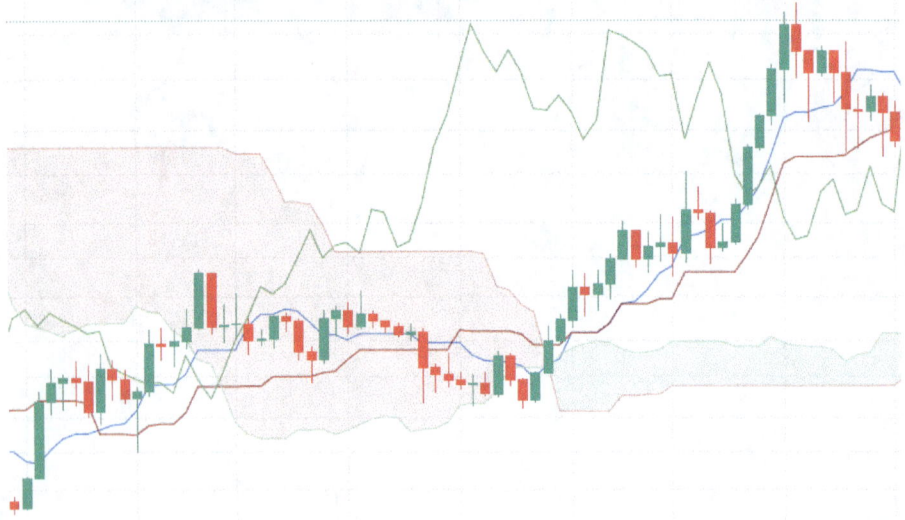

3. La Lagging Span

- Si la Lagging Span traverse le prix de haut en bas, cela peut signaler un retournement baissier.

- Si elle traverse de bas en haut, cela peut indiquer un retournement haussier.

- La position de la Lagging Span par rapport au prix et au Kumo est essentielle pour confirmer la force du retournement.

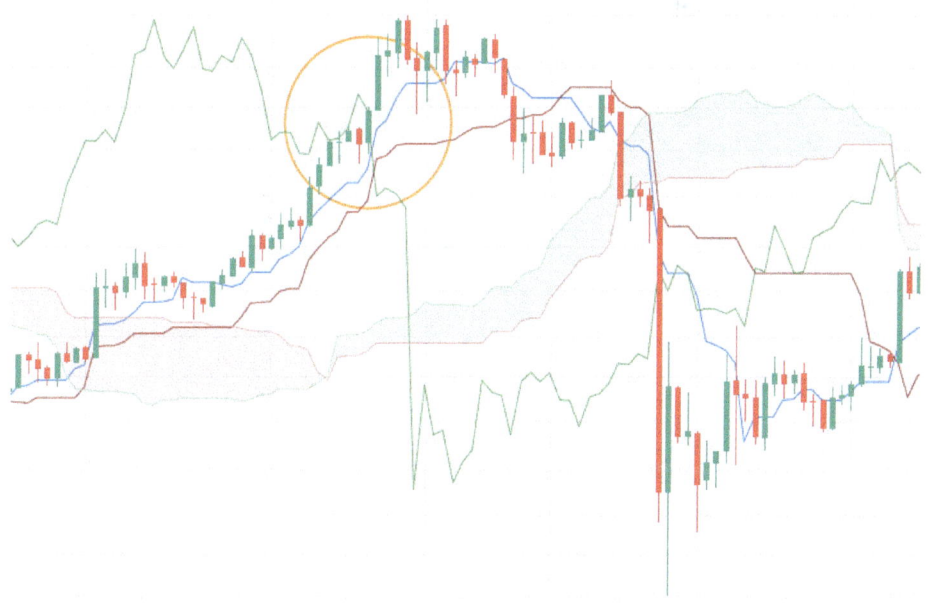

4. Sortie ou entrée du prix dans le Kumo

- **Sortie haussière** : Si le prix casse le **bord supérieur du Kumo** (Senkou Span A ou B), cela peut signaler un retournement haussier.
- **Sortie baissière** : Si le prix casse le **bord inférieur du Kumo**, cela peut indiquer un retournement baissier.
- Le Kumo sert de zone de support ou de résistance majeure, et sa cassure est souvent significative.
- On doit toujours attendre que la Lagging Span confirme le mouvement

Exemple haussier :

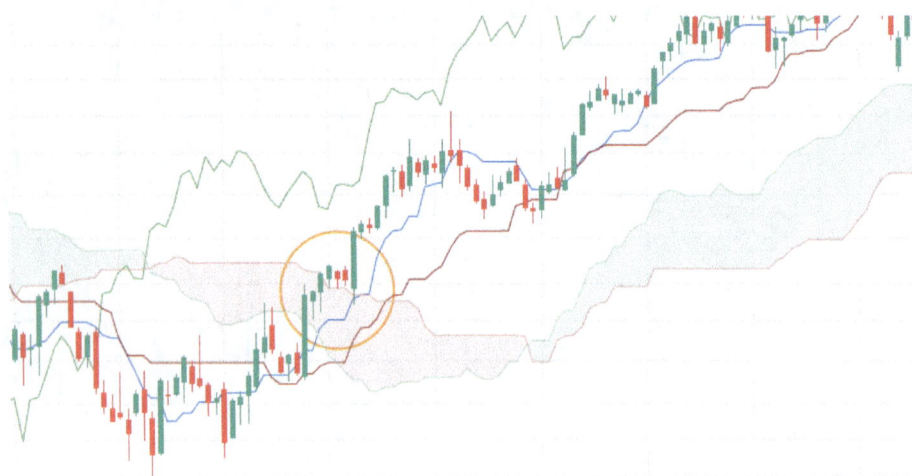

Exemple baissier :

Mémo d'Ichimoku

Ichimoku est un indicateur complet qui nous fournit toutes les données nécessaires pour prendre les décisions d'entrée et de sortie dans le marché.

Les signaux de retournement dans Ichimoku ne doivent jamais être interprétés isolément. Une analyse combinée (croisements, twists, position du prix par rapport au Kumo et Lagging Span) est essentielle pour confirmer un retournement. En appliquant ces signaux dans un contexte plus large (comme la Stratégie Top Down), on peut maximiser la précision de ses décisions.

6. Stratégies de trading

Nous allons utiliser une méthode simple et diablement efficace, mais avant cela, je voudrais faire un rapide rappel : on peut gagner de l'argent dans les marchés haussiers comme dans les marchés baissiers. On parie à la hausse en achetant un actif et en le vendant à un prix supérieur.

On parie à la baisse en vendant un actif que nous ne possédons pas et en le rachetant à un prix inférieur dans le futur : ce mécanisme s'appelle la vente à découvert. Il est plus risqué et offre moins de perspectives de gains que de parier à la hausse, mais il est très utile dans les périodes de contractions du marché.

Le choix des actifs

La première chose à faire avant même de mettre en place sa stratégie est de choisir sur quels actifs vous allez la mettre en place. Il faudra que vous choisissiez en premier lieu le marché sur lequel vous voulez trader : actions, cryptomonnaies, forex... mais cela ne suffira pas !

Ensuite, vous établirez une Watch List des actifs que vous allez surveiller, ceux qui ont le meilleur potentiel de trading avec beaucoup de liquidités, car tout n'est pas intéressant à trader. Voici quelques exemples d'actifs en fonction des marchés :

- **Actions** : Tesla, Nvidia, Amazon, Apple, Microsoft, Coinbase, Microstrategy...
- **Cryptos** : BTC/USDC, BTC/ETH, ETH/USDC, DOGE/USDC, BNB/USDC, XRP/EUR...
- **Devises** : EUR/USD, USD/JPY, GBP/USD

Nota : Les frais de votre broker peuvent complètement détruire votre rentabilité, assurez-vous d'avoir un broker qui ne prend quasiment pas de frais.

LA STRATEGIE

Voici un schéma de la stratégie que nous allons détailler ensuite :

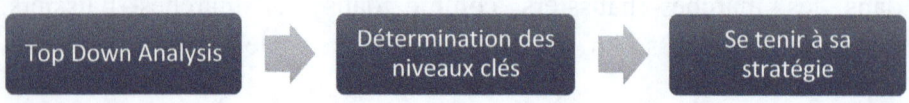

TOP DOWN ANALYSIS AVEC ICHIMOKU

On va commencer notre stratégie par une analyse top down avec des unités de temps adaptées à l'actif choisi. Rappel des Timeframes suggérées pour un maximum de réussite :

- **Marché des actions** : Mensuel, Hebdomadaire, Journalier, 4 heures
- **Marché du Forex** : Journalier, 4 heures, 1 heure et 15 minutes.
- **Marché des cryptomonnaies** : Hebdomadaire, 3 jours, 1 jour, 4 heures

On va effectuer cette analyse rapide sur tous les actifs qui nous intéressent.
Voici un exemple pour le marché des actions.

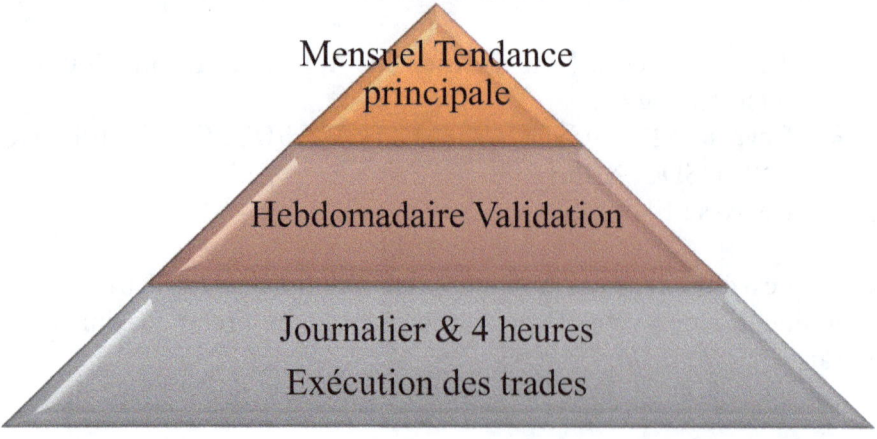

Ensuite, on va s'intéresser à tous les actifs qui sont dans une configuration de tendance à long et moyen terme. Deux possibilités de tendances et deux configurations qui nous intéressent, ce qui nous fera 4 cas.

Tendance haussière :

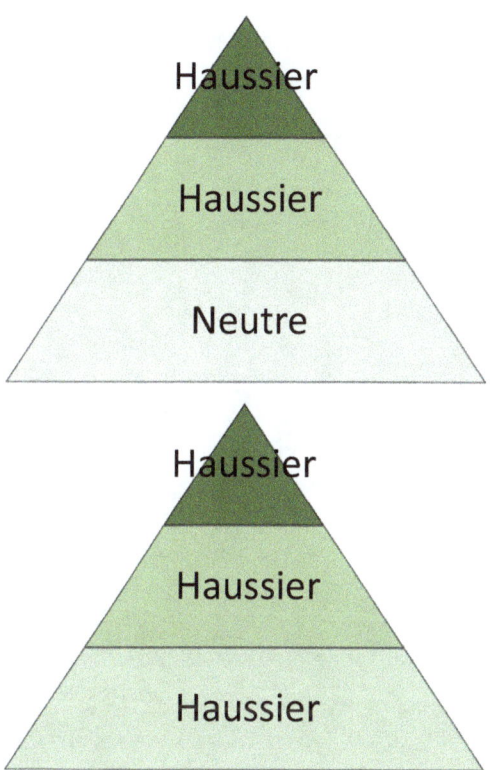

Tendance baissière :

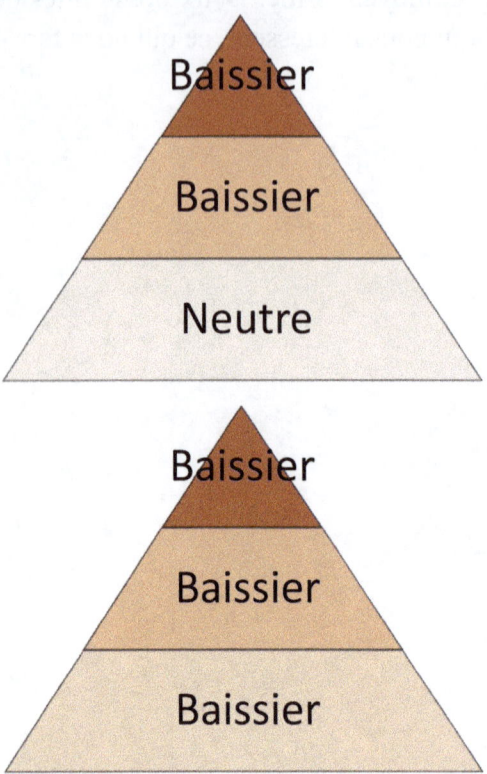

Détermination des niveaux clés

On va utiliser Ichimoku pour déterminer nos points d'entrée, de sortie ainsi que nos stop loss. En fonction du cas dans lequel on se trouve, on recherchera des configurations graphiques différentes et donc des niveaux clés différents.

Cas n°1

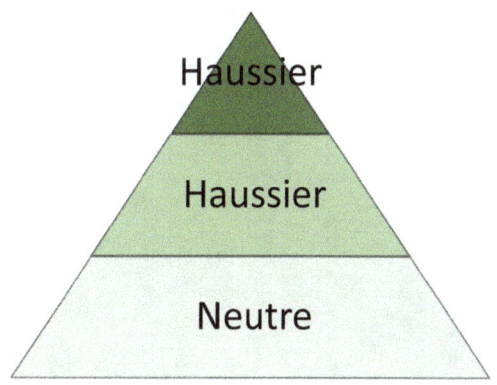

Nous sommes en tendance haussière à moyen et long terme, mais en tendance neutre à court terme : c'est la situation idéale avec le plus de potentiel de gains. Dans ce cas, on cherchera un niveau clé de changement de tendance de neutre à haussière avec une validation par la Lagging Span.
Rappel des éléments graphiques confirmant la tendance haussière :

- Le prix est au-dessus du Kumo haussier
- La Lagging Span est au-dessus des anciens cours et du Kumo

Les signaux de changement de tendance :

- Croisement Tenkan/Kijun haussier, signal amplifié si au-dessus du Kumo
- Twist du Kumo de baissier à haussier
- Les prix percent le nuage par le haut
- La Lagging Span confirme
Stratégie de prise de profit : laisser courir le trade jusqu'à un croisement Tenkan/Kijun baissier.
Stratégie de couverture : le stop loss sera placé sous le Kumo.

Voyons ça en pratique.

Tendance haussière long terme (mensuelle)

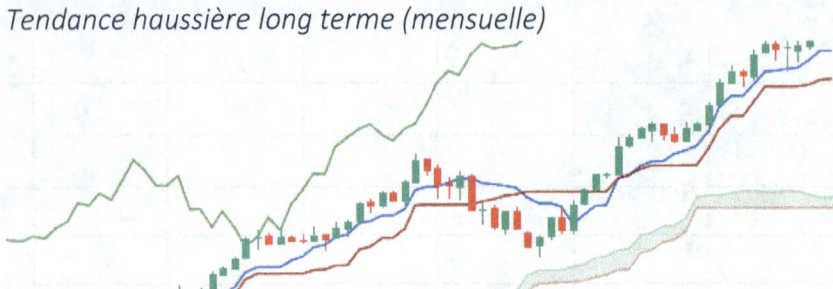

Tendance haussière moyen terme (hebdomadaire)

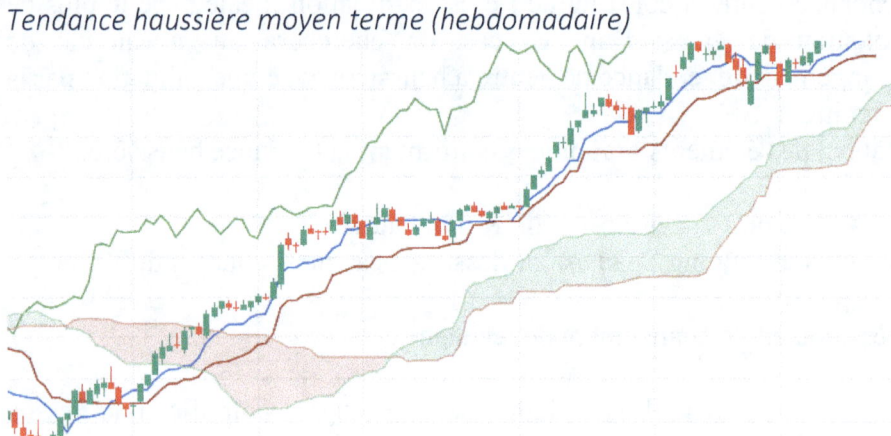

Tendance neutre court terme (journalier)

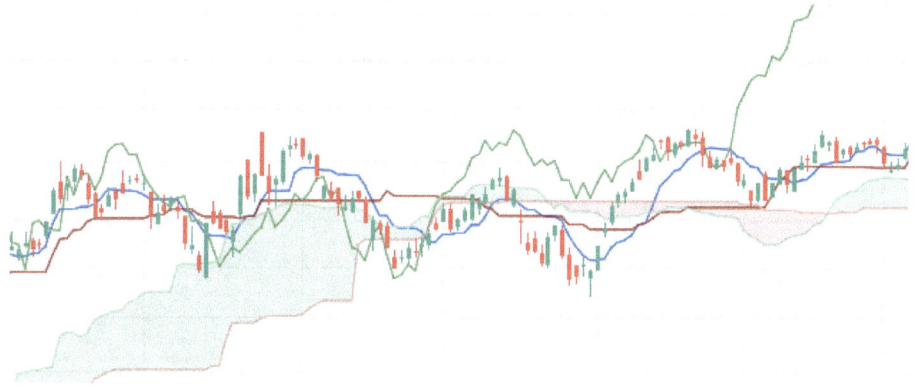

Les signaux de changement de tendance

Nous avons ici quatre signaux :

- Un croisement Tenkan/Kijun au-dessus du Kumo
- Un twist du Kumo haussier
- Les prix sont au-dessus du Kumo
- La Lagging Span valide la tendance au moment de la cassure haussière

Autres observations :

La SSB a servi de support pour la Lagging Span. La Kijun a servi de support pour le prix.

Placement du stop loss

Les signaux indiquent que le trade s'ouvre à partir de la bougie verte haussière, nous plaçons donc le stop loss initial sous le Kumo avec une légère marge pour éviter qu'une mèche ne déclenche notre ordre avant de repartir à la hausse.

Suivi de stop loss

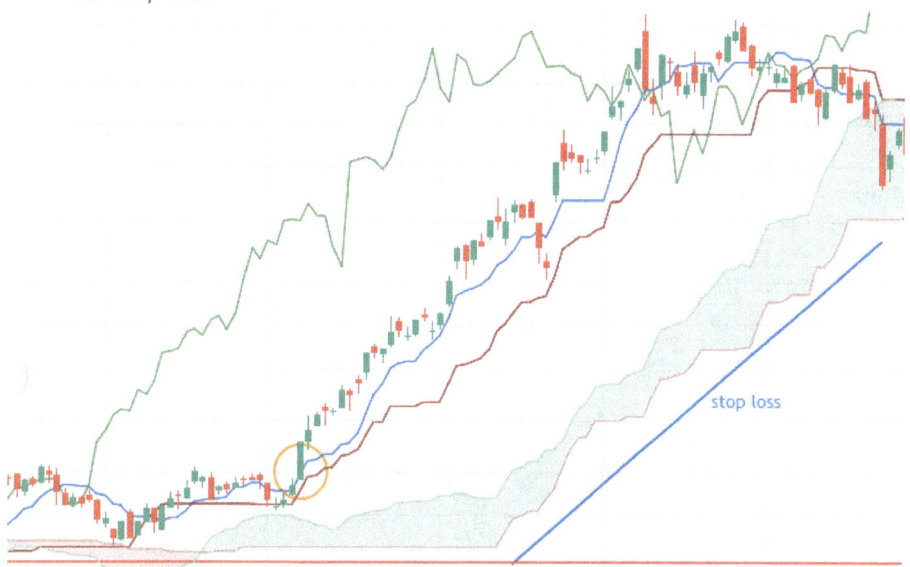

Notre stop loss va évoluer en fonction de la trajectoire du prix et donc du nuage, il va être dynamique.

Le take profit

Toute bonne chose a une fin, il est donc essentiel dès le début du trade de préparer sa stratégie de sortie. Celle-ci est simple : tant qu'il n'y a pas de signal de retournement, on laisse courir le trade. Vous êtes maître de votre trade ; si vous estimez avoir suffisamment gagné, vous pouvez placer un stop loss dynamique sous la Kijun. Par exemple.

Les signaux de retournement

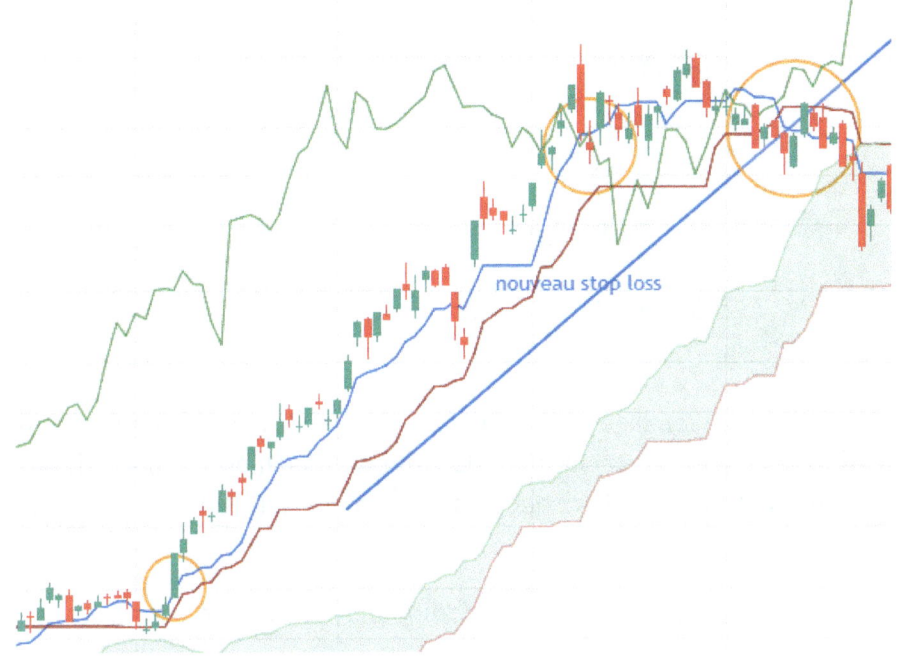

Nous avons ici plusieurs signaux de retournement :

- Le prix casse la Tenkan et la Kijun
- Croisement baissier Tenkan/Kijun
- La Lagging Span passe sous les anciens cours

Le prix a atteint notre objectif, le trade est donc automatiquement terminé, peu importe les mouvements futurs du marché.

Cas n°2

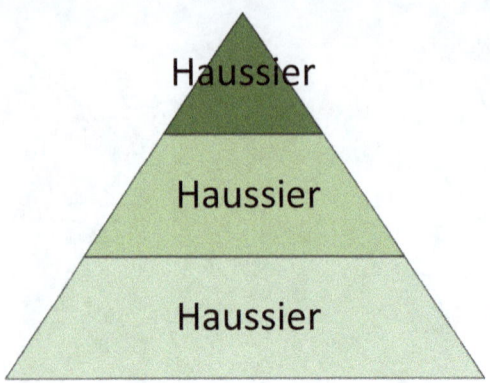

Nous sommes en tendance haussière sur tous les horizons de temps, nous pourrons donc envisager un trade de suivi de tendance : le potentiel de gains est moindre, mais le risque de faux signaux est également réduit.

Voyons ça en pratique.

Tendance haussière long terme (hebdomadaire sur cryptomonnaie)

Tendance haussière moyen terme (3 jours sur cryptomonnaie)

Tendance haussière court terme (journalier sur cryptomonnaie)

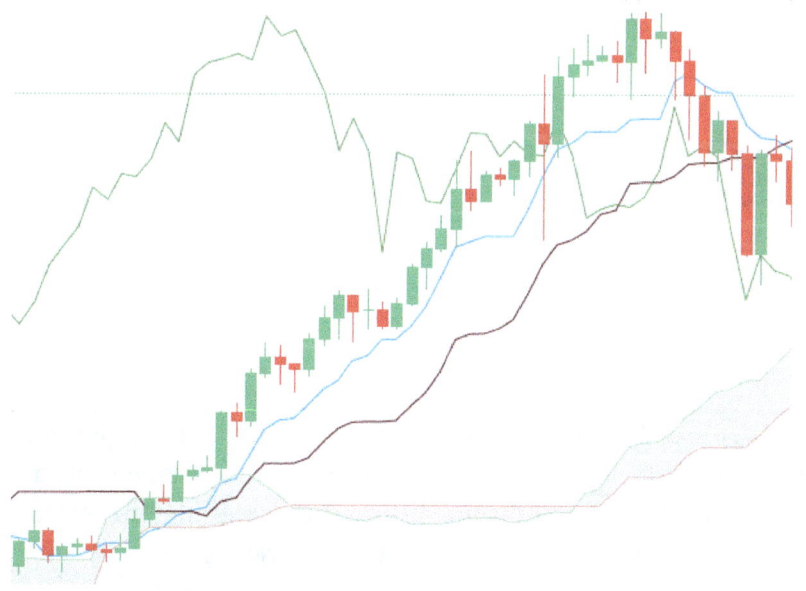

Tendance haussière court terme précision (4h sur cryptomonnaie)

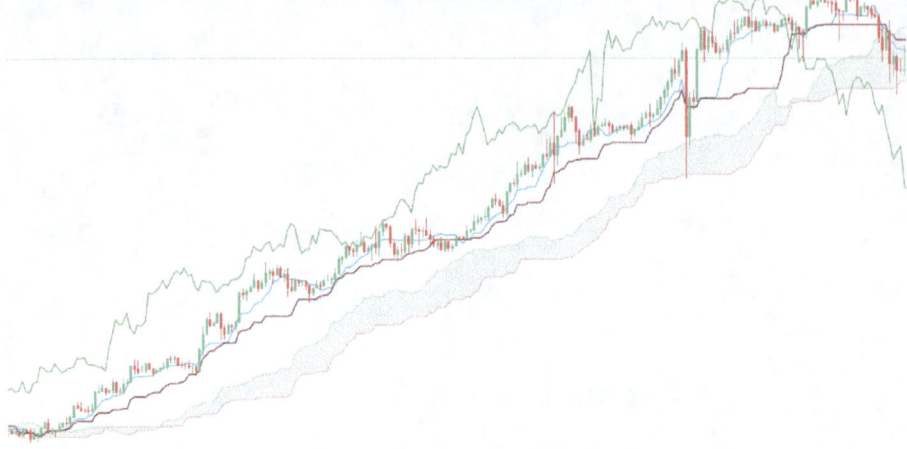

Début du trade

Le début du trade se fait sur un retour à la Kijun, qui représente l'équilibre à moyen terme. Plus la tendance est installée depuis longtemps, moins le couple rendement/risque devient attractif. Mieux vaut rater une opportunité que de prendre trop de risques.

Placement stop Loss

Comme toujours le stop loss principal est dynamique et se place sous le nuage.

Le take profit

On maintient le trade jusqu'au premier signal majeur de retournement validé par la Lagging Span. Ici il y a eu plusieurs faux signaux, comme c'est souvent le cas dans le marché des cryptomonnaies, il est donc très important d'avoir une confirmation par la Lagging Span du retournement.

Cas n°3

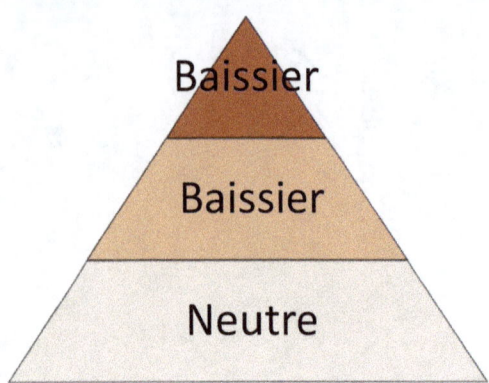

Nous sommes en tendance baissière moyen et long terme avec une pause sur le court terme. Lorsque les marchés sont déprimés, c'est un bon moment pour faire des trades gagnants avec de la vente à découvert. L'espérance de gain est moins importante, mais généralement, les résultats sont plus rapides à atteindre, comme on dit : les marchés montent par l'escalier et descendent par l'ascenseur. Assurez-vous de bien comprendre les mécanismes de vente à découvert avant d'agir.

On portera une attention particulière au stop loss, car une négligence à ce niveau peut être fatale pour votre portefeuille. La nature des marchés étant tournée vers la croissance, il est très rare de voir un actif baissier sur le très long terme. Nous examinerons toutes les Timeframes pour une vision globale, tout en accordant une attention particulière aux unités de temps plus courtes pour prendre nos décisions.

Voyons ça en pratique.

Tendance baissière long terme (mensuelle sur actions)

Tendance baissière long terme (hebdomadaire sur actions)

Tendance neutre court terme (journalier sur actions)

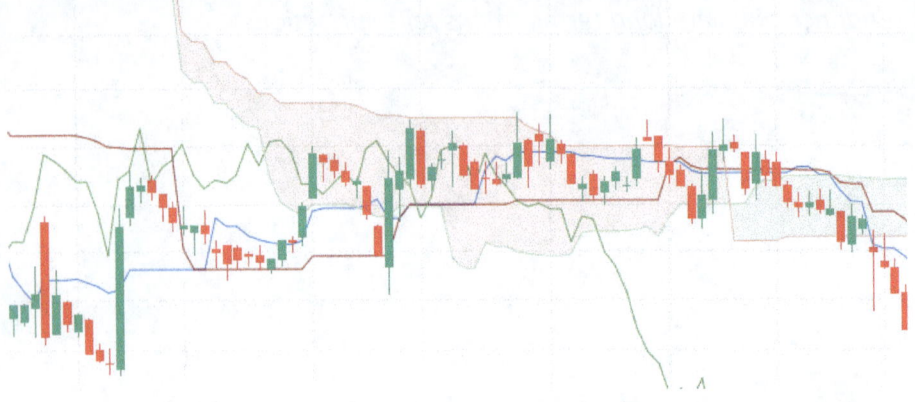

Début du trade et stop loss

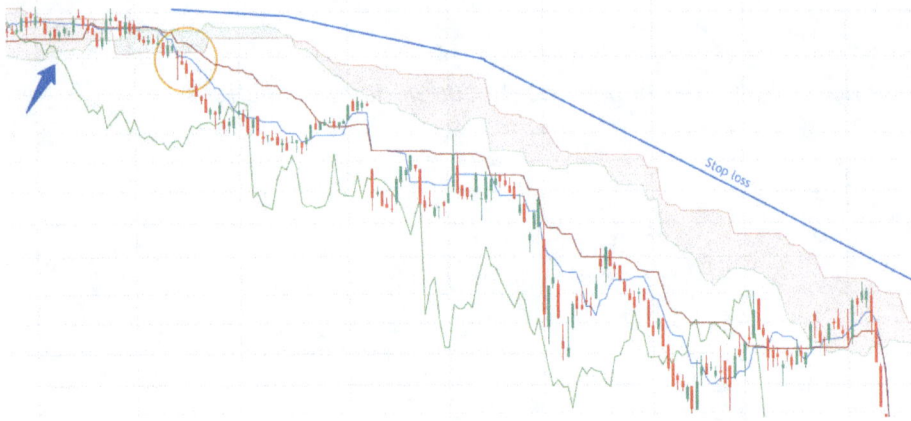

On démarre le trade à la cassure du nuage par les prix avec validation par la Lagging Span. Le stop loss sera placé au-dessus du nuage. On observe des niveaux importants formés par de gros plats de la SSB (haut du nuage baissier), qui agissent comme de fortes résistances. Bien que le stop loss ait peu de chances d'être activé rapidement, il reste néanmoins nécessaire, car un short squeeze peut survenir à tout moment.

Le take profit

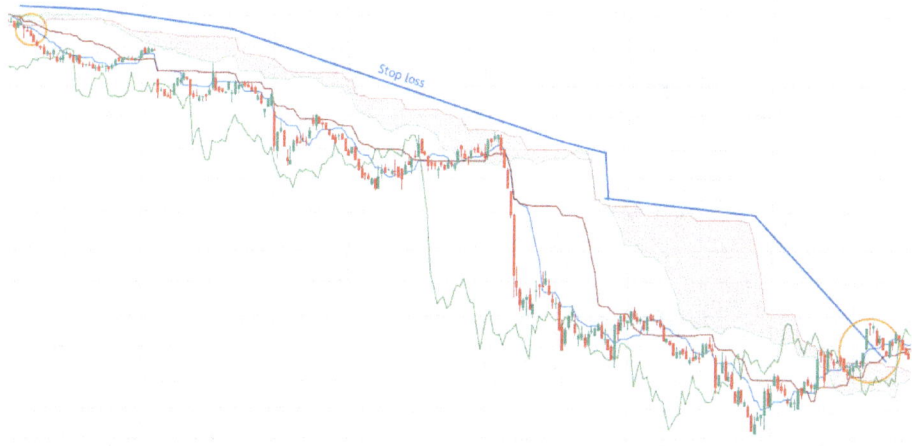

Dans un marché baissier, il est très rare que la tendance s'inverse rapidement. Les investisseurs ne passent pas de déprimés à euphoriques en un jour... sauf dans le marché boursier lorsqu'une nouvelle importante, comme une OPA par exemple, est annoncée.

La conclusion est qu'un marché déprimé offre également de bonnes opportunités de gains si l'on suit Ichimoku. Les chutes de cours sont souvent beaucoup plus rapides que les hausses, permettant ainsi de réaliser des profits rapidement... à condition de bien comprendre et maîtriser le mécanisme de vente à découvert.

Cas n°4

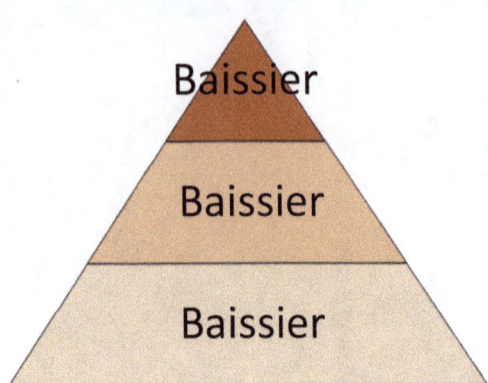

Nous sommes en tendance baissière sur toutes les unités de temps, et nous avons la possibilité de faire un trade de suivi de tendance. Cependant, il est important de noter que plus une tendance baissière dure depuis longtemps, moins les chances de réussite et les espérances de gains seront élevées. Il faut se rappeler que plus le prix d'un actif a baissé, plus il devient attractif, ce qui augmente les chances de retournement.

Nous effectuerons ce trade uniquement si aucun des trois autres cas ne présente de possibilités plus intéressantes.

Voyons ça en pratique.

Tendance baissière long terme (mensuelle sur la paire EUR/USD)

Tendance baissière long terme (hebdomadaire sur la paire EUR/USD)

Tendance baissière court terme (journalier sur la paire EUR/USD)

On démarre le trade sur un retour Kijun avec la Lagging Span sous les cours ainsi que le nuage baissier bien orienté.

Début du trade et take profit

Le take profit se fait au croisement haussier Tenkan Kijun confirmé par la Lagging Span.

Placement stop Loss

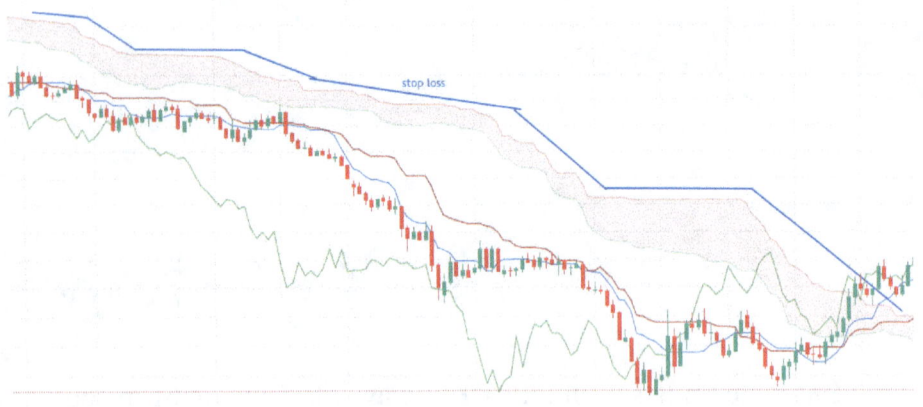

Le stop loss se place comme toujours de l'autre côté du nuage.

7. Les clés de la réussite

Se tenir à sa stratégie est la troisième clé de la réussite... Cela peut paraître évident, mais dans les faits, ce n'est pas toujours le cas, car les émotions entrent en jeu.

Les trois clés sont :

- **Un money management impeccable**
- **Une maîtrise d'Ichimoku**
- **Se tenir à sa stratégie**

Contrôler ses émotions est difficile, et maîtriser Ichimoku vous permettra d'avoir un plan avec des niveaux d'entrée et de sortie. Si vous respectez ces niveaux, tout se passera bien.

« Finalement, je vais le laisser un petit peu plus, c'est une excellente société, elle ne va pas descendre comme ça... »

« C'est le bull run, si je coupe mes positions maintenant, je vais rater la montée ! »

« La dernière fois j'ai coupé ma position, et finalement, le prix a continué de monter, je ne me ferai pas avoir deux fois ! »

« Aux informations, j'ai entendu que les analystes recommandaient d'acheter, le prix va encore monter ! »

« Cette fois-ci c'est différent »

« Encore quelques pourcents et je gagne 10 000€, ce serait dommage de couper juste avant »

« Ma stratégie fonctionne, je vais renforcer mes positions tous les jours avec plus d'argent »

« Microstrategy vient d'acheter du Bitcoin, le prix va monter à 1 million de dollars ! »

« Les analystes prévoient une hausse de 35% supplémentaire »

Toutes ces phrases ont été prononcées par des personnes qui ont perdu de l'argent non pas parce qu'elles avaient une mauvaise stratégie à la base, mais parce qu'elles ne l'ont pas respectée.

Si vous voulez réussir, il ne faut pas écouter le « bruit » du marché, mais simplement exécuter une stratégie simple qui comprend toujours un stop loss.

Et rappelez-vous : il y aura des trades gagnants, mais il y aura aussi des trades perdants. Ichimoku nous permet d'avoir de hautes probabilités de réussite, mais cela reste des probabilités. Même avec 80% de chance de succès, il y a toujours 20% de risque que ça ne fonctionne pas.

Aucun trader n'a jamais perdu un trade. Ce sont le money management et la gestion du risque qui feront de vous un trader gagnant ou non.

Et comme l'a très bien dit George Soros : « *Ce n'est pas une question d'avoir raison ou tort, mais de combien vous gagnez lorsque vous avez raison et de combien vous perdez lorsque vous avez tort.* ».

8. Mémo des signaux

Signaux de changements de tendance neutre ⇨ haussier

Le Golden cross

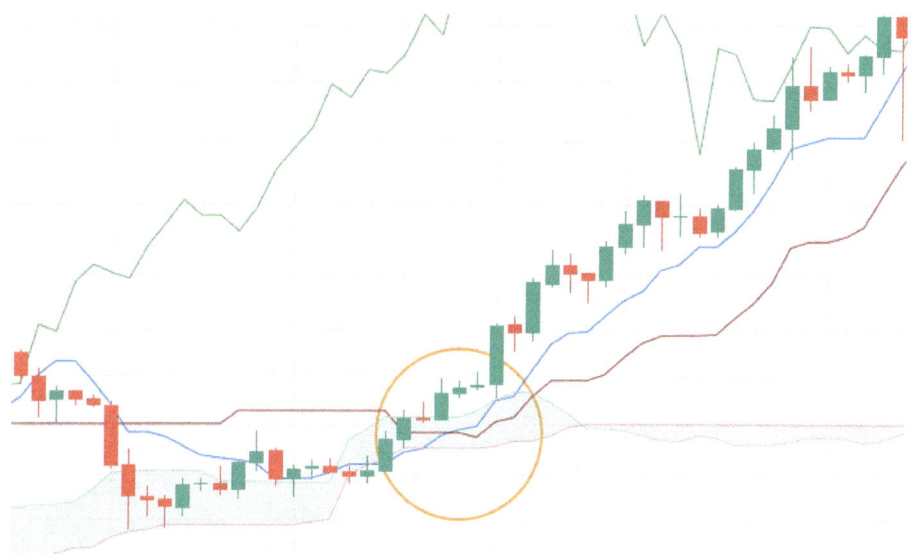

Le Kumo BreakOut

Le twist du Kumo

Cassure de résistance majeure

Validation par la Lagging Span (obligatoire dans tous les cas !)

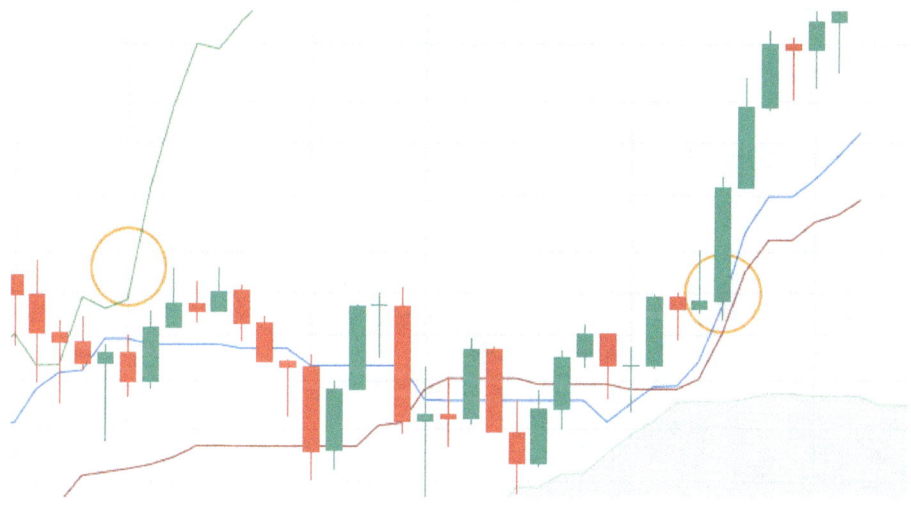

Signaux de retournement de tendance haussière

Le Dead cross

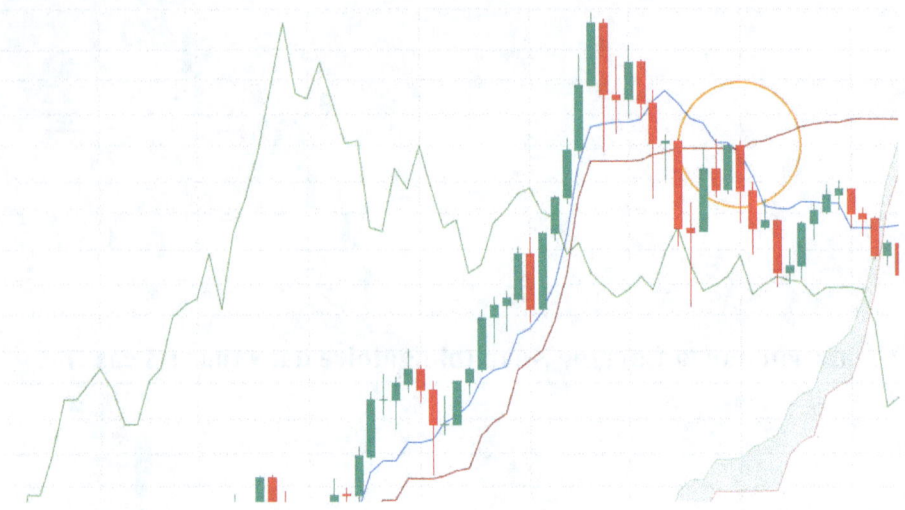

Le Kumo BreakOut

Le twist du Kumo

Résistances majeures : plats SSB

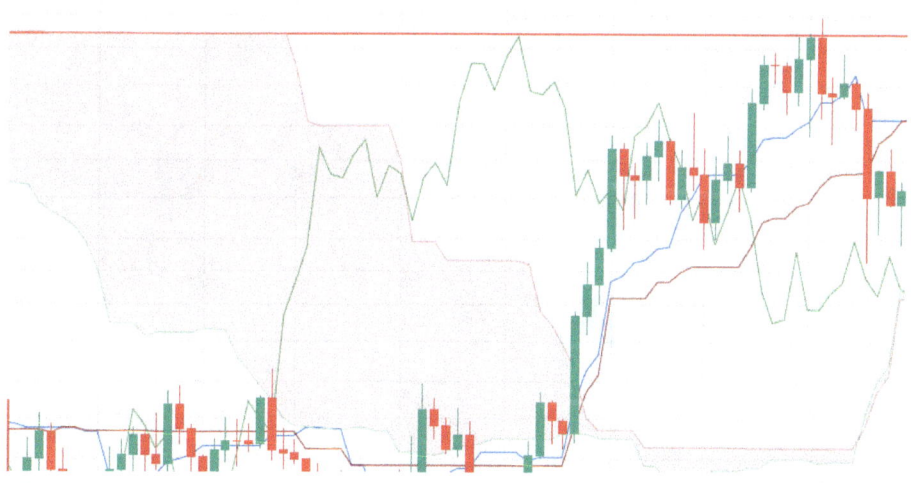

Prix maintenus sous la Kijun

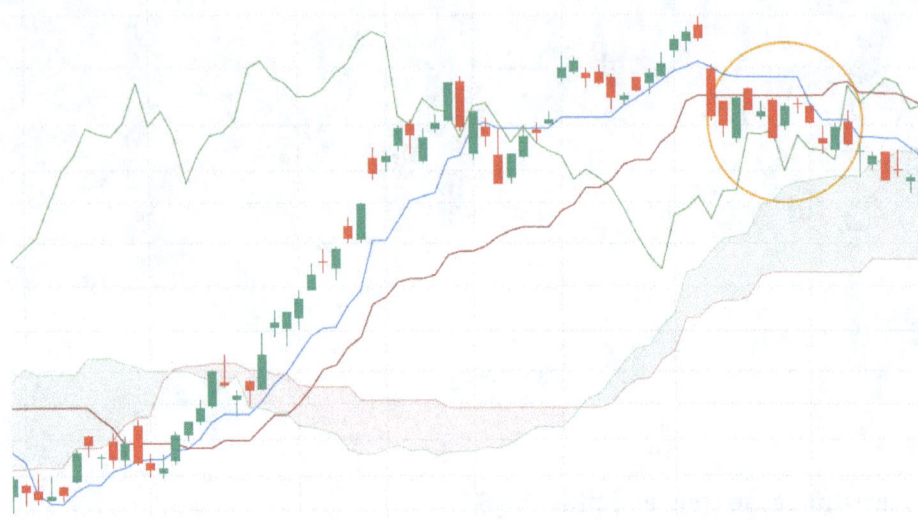

Validation par la Lagging Span (obligatoire dans tous les cas !)

Signaux de changements de tendance neutre ⇨ baissier

Le Dead cross

Le Kumo BreakOut

Le twist du Kumo

Cassure de support majeur

Validation par la Lagging Span (obligatoire dans tous les cas !)

Signaux de retournement de tendance baissière

Le Golden cross

Le Kumo BreakOut

Le twist du Kumo

Prix maintenus au-dessus de la Kijun

Validation par la Lagging Span (obligatoire dans tous les cas !)

Les niveaux clés de résistance

La Tenkan : niveau dynamique

Plat Kijun passé et présent

Plat SSB passé, présent et futur

Le Kumo

Conclusion
Puisse le sort vous être favorable.

www.ingramcontent.com/pod-product-compliance
Lightning Source LLC
Chambersburg PA
CBHW070158230526
45471CB00002B/720